ショコラティエ 江口和明の
チョコレートの
お菓子

江口和明
Kazuaki Eguchi

はじめに

チョコレートは、人を笑顔にします。

楽しいときや誰かをよろこばせたいときに登場し、
独特のとろけるような口どけと甘い風味が気持ちをハッピーに
そして、日々をちょっと豊かにしてくれる愛すべき存在です。

本書は、ショコラティエとして試行錯誤を重ねてきた
数多くのチョコレートのお菓子の中から
厳選したレシピをまとめた総力集ともいえる1冊です。

「チョコレートといえば！」の定番のお菓子から、
贈り物にもよろこばれる焼き菓子、さわやかな冷たい
お菓子やドリンク、さらには、家庭用のレシピでは
あまり見かけない超上級者向けのボンボンショコラに、
「デリーモ」が誇る珠玉のパフェまで！！
これまでにない贅沢なレシピを多数ご紹介します。

勝負は、チョコレート選びからすでに始まっています。
本書のレシピは不要な工程はとことん省き、
おいしさのために本当に必要なことだけを行います。
中には、これまでの作り方をよりよく改善したものもあります。
だからこそ、レシピを信じて忠実に作ってください。

必ず、おいしいチョコレートのお菓子ができます。

今までお菓子作りをしてきた人も、はじめましての人も
この1冊でプロさながらのおいしさを叶えましょう。

本書を通じて、幸せな時間を過ごす
きっかけにしていただけたなら
ショコラティエとしてうれしい限りです。

江口和明

Contents

- 005　はじめに
- 008　おいしいチョコレートのお菓子に大切な3つのこと
- 012　基本の材料
- 013　基本の道具
- 015　基本の型
- 016　型紙の敷き方

017　Part.1
定番のお菓子5選

- 018　生チョコ（ビター・ホワイト）
- 020　トリュフ
- 022　クッキー（プレーン・ココア）
- 024　チョコシフォンケーキ
- 027　Arrange recipe：チョコフルーツサンド
- 028　チョコフィナンシェ
- 030　Column：万能！チョコソース

031　Part.2
チョコレートの焼き菓子

- 032　ガトーショコラ
- 034　パウンドケーキ
- 036　マドレーヌ
- 038　チョコマフィン
- 040　ブラウニー
- 042　テリーヌショコラ
- 044　チョコチップスコーン
- 046　生ドーナツ
- 050　生チョコタルト
- 052　チョコレートカヌレ
- 054　フォンダンショコラ
- 056　チョコマカロン
- 058　生チョコケーキ
- 062　チョコシュークリーム
- 066　ザッハトルテ
- 070　ブッシュ・ド・ノエル
- 074　オペラ

079 **Part.3**
チョコレートの冷たいお菓子

- 080 チョコアイス
- 082 チョコムース
- 084 チョコプリン
- 086 クリームブリュレ
- 088 チョコゼリー
- 090 チョコチーズタルト
- 091 チョコレアチーズケーキ

095 **Part.4**
チョコレートドリンク

- 096 ホットショコラ ショコラノワール
- 098 ホットショコラ オレンジ
  ホットショコラ ミルクティー
  ホットショコラ シナモン
- 100 スムージーリッチショコラ
- 101 カカオハイボール

103 **Part.5**
ボンボンショコラ

- 104 ボンボンショコラ バニラ
- 106 ボンボンショコラ プラリネ
  ボンボンショコラ ベリーライチ
  ボンボンショコラ キャラメルオレンジ

- 108 DEL'IMMOのパフェ
  レシピ大公開！
- 110 保存方法と食べ切りの目安

この本の決まりごと

- 電子レンジの加熱時間はすべて600Wの場合の目安です。機種によって加熱具合に差があるため、実際の様子を見ながら加減してください。
- オーブンは熱源の種類や機種によって焼き加減に差があるため、実際の様子を見ながら加減してください。
- オーブンレンジの場合、オーブンの予熱は、電子レンジの使用がすべて終わったあとにスタートしましょう。
- 各レシピの材料に「ビターチョコレート」、「ミルクチョコレート」、「ホワイトチョコレート」と使うチョコレートの指定があります。特別な記載がない限り、置きかえはできません。

＼ これで失敗ナシ！／
おいしいチョコレートの お菓子に大切な3つのこと

本書の主役は「チョコレート」。チョコレートは種類も味も豊富で、しかも繊細な性質をもった奥深い存在。そのため、実際にお菓子作りをする前に、知っておいてほしい3つのポイントを紹介します。これを押さえておけば、おいしいチョコレートのお菓子が完成します！

Point 1
チョコレートの選び方

材料に使うチョコレートがお菓子の味わいや仕上がりに影響します。まずはその選び方を知っておきましょう。

植物油脂が入っていないチョコレートを選ぶ

本書のレシピはすべて、植物油脂が入っていないチョコレートを使うことが前提です。植物油脂とは、チョコレートに含まれるカカオバターの代わりに添加する代用油脂のこと。もし植物油脂入りのチョコレートを使うなら、それを前提とした専用のレシピで作らないと、固まらない、溶けてしまうなどの不具合が出てしまいます。そのため、本書のレシピでは植物油脂が入っていないチョコレートを選びましょう。

Chocolate memo

カカオ含有量とは？

カカオ豆を原料とするチョコレート。カカオ含有量とは、チョコレートの中に含まれるカカオ固形分（カカオマスとカカオバターを合わせたもの）を指します。お菓子作りには、カカオ含有量が35％以上のものを使用すること。ココアパウダーも色が濃く、風味が濃厚なものを使うのが成功への近道！

Point 2
基本のガナッシュはレンチンで失敗ナシ

チョコレートはレンジを活用すると失敗ナシ！
必ず、オーブンの予熱前に使うことを忘れずに。

チョコレートを温めて溶かし、混ぜてガナッシュを作る、という工程が度々登場します。これを昔ながらの湯煎ではなく電子レンジを使えば、満遍なくチョコレートを溶かすことができ、水に触れる心配もありません。電子レンジを使った基本のガナッシュ作りを覚えておきましょう。

Chocolate memo
仕上げはゴムベラで！

底に混ぜ残しがないか、仕上げにゴムベラですくっておきましょう。チョコレートだけをレンジで加熱する場合、30秒×3回といった具合に小刻みに加熱すること。長い時間加熱すると、焦げる可能性があります。

基本のガナッシュの作り方

1

耐熱ボウルにチョコレートと生クリーム、またはバターなどレシピの材料と一緒に入れる。ラップをして600Wの電子レンジで各レシピに記載されている指定の分数を温める。

2

電子レンジから取り出し、ラップをはずす。まだ溶け残りがある状態。

3

泡立て器でボウルの中央部分から外側に向かって、グルグルと素早くかき混ぜ、完全に溶かす。

4

徐々にとろりとなめらかになっていく。左上の写真のように、全体がなめらかでツヤのある状態になれば完成！

009

Point 3 / お菓子作り成功のルール3

おいしいお菓子を作るために、大切なルールを3つ紹介します。
このルールを守れば、成功まちがいなし！

Rule

下準備が成功のカギ

お菓子作りを成功させるには、下準備が欠かせません。まずはレシピを見て、全体の流れをつかんだら、必要な下準備を整えていきましょう。ここでは特に肝心な3つのポイントを押さえてください。

粉類は3回ふるう

「ふるう」理由は、複数の粉同士をしっかり混ぜ合わせることが最大の目的。1回だけではまだまだ混ざっていないので、しっかりと3回ふるうことが大切です。粉を1種類だけ使う場合は、1回ふるっておけばOK。

1回目 / 2回目 / 3回目

ふるいに残ったダマは、指で潰して網目を通しておく

材料をしっかり計量＋常温に

計量は、お菓子作りの基本。すべての計量を済ませてから、作り始めましょう。また、バターや卵は基本的に常温に戻して使うため、事前に冷蔵庫から出しておくこと。ただし、バターは冷たいまま使ったり、すぐにレンジで溶かしたりすることも。レシピを確認し、工程を把握しておくことも大切です。

オーブンは＋10℃で予熱

予熱後にオーブンの扉を開けると庫内の温度が下がり、うまく焼き上がらない原因に。そのため予熱の温度は「焼く温度の＋10℃」に設定しましょう。また、オーブンに生地を入れる動作は、素早く行うことも肝心。なお、2〜3段のオーブンを使う場合は、下段を使います。

Rule 2
レシピを信じて進んでいこう

チョコレートのお菓子作りは、温度管理が重要。チョコレートの温度が足りないとうまく生地に混ざらないなど、仕上がりに影響が出てきます。そのため、本書のレシピはチョコレートの温度まで加味した手順になっています。とにかくレシピを信じ、順番を守って進めてください。

Rule 3
迷ったときはだいたいでOK！

お菓子作りには混ぜる工程がよくありますが、実際に作ってみると「どのくらい混ぜればいいの？」と迷うことがあるかもしれません。でも、混ぜすぎということはありません。逆に混ざりきっていないと膨らまない、パサつくなど失敗の原因にも。工程写真を参考に、だいたいでいいのでよく混ぜたと思ったら、どんどん次へ進みましょう。

Words of Chocolate
知っておきたいチョコレート用語
チョコレートについて知っておきたい用語をご紹介！

【 ビターチョコレート 】… カカオマスをベースに、乳製品が入っていないチョコレートのこと。カカオ100％以外のものは砂糖が含まれていることが多い。

【 ミルクチョコレート 】… カカオマスをベースに、砂糖や全粉乳、脱脂粉乳などの乳製品が入っているチョコレートのこと。

【 ホワイトチョコレート 】… カカオバターをベースに、砂糖や全粉乳、脱脂粉乳などの乳製品が入っているチョコレートのこと。

【 カカオマス 】… カカオ豆の外皮を取り除いた胚乳部分（カカオニブ）をすりつぶしたもの。チョコレートの主成分。

【 カカオ（ココア）バター 】… カカオ豆に含まれている油脂のこと。チョコレートならではの風味やなめらかな口どけは、このカカオ（ココア）バターの特性によるもの。また、冷やすと固まる役割もあります。

【 ココア（カカオ）パウダー 】… カカオマス（カカオ100％）からカカオバターの一部を取り除いたもの。

基本の材料

本書で使う基本の材料をご紹介します。

チョコレート

主役として、フル活用する重要な材料。本書のレシピでは、植物油脂を含まないチョコレートを使用します。カカオ含有量が下記と同程度のものを使うのがおすすめ。

（左）**ミルクチョコレート**
本書では「デリーモ」のピュアラクテ41%を使用。

（中央）**ビターチョコレート**
本書では「デリーモ」のピュアノワール67%を使用。

（右）**ホワイトチョコレート**
本書では「デリーモ」のピュアホワイト37%を使用。

ココアパウダー

色が濃く風味の強い、良質のものを選びましょう。チョコレート本来の味わいをより高めます。

薄力粉	アーモンドパウダー	ベーキングパウダー
小麦粉の中でもキメが細かく、お菓子作り向き。手に入りやすいものを使ってOK。	生地に、アーモンドならではの香ばしさと、しっとり感を加えてくれます。	生地を膨らませるときに使用します。アルミフリーのものが安心。

卵・乳製品・ゼラチン

バターはすべて食塩不使用のものを、卵はM〜Lサイズを使用します。ゼラチン（右上）は、小分けにパックされた粉末タイプが便利です。生クリーム（左下）は、コクがあり濃厚な動物性の乳脂肪分35%前後のものを使用。牛乳（右下）は生乳100%・成分無調整のものを使います。

砂糖

グラニュー糖（左）は、純度が高く、扱いやすいので多用します。代わりに上白糖を使うと甘みの強い、しっとりとした生地になります。
粉糖（中央）は、コーンスターチが入っていない、純粉糖を使用。仕上げに使うなら、溶けにくいトッピング用がおすすめです。
はちみつ（右）は、やさしい甘さで風味付けの役割も。
他に、コクや深みが出るきび糖、ブラウンシュガーなどがあります。

基本の道具

本書で使う基本の道具をご紹介します。

❶ 耐熱ボウル
大・中・小と3種類のサイズがあると便利。電子レンジにかけるときは、必ず耐熱のものを使いましょう。

❷ 小鍋
カラメリゼをしたりジャムを煮詰めたり、さまざまに活躍します。注ぎ口があるものだと便利です。

❸ ふるい
生地に使う粉類や砂糖をふるうには、直径15cm程の大きさがおすすめ。仕上げに少量のココアパウダーや砂糖をふるときは、小さいサイズや茶こしが活躍します。

❹ ハンドミキサー
3〜5段階のスピード調整ができるものが◎。

❺ ジッパー付きポリ袋
タルト生地に使うクッキーを砕く際に使います。角をカットして、口金を使わない場合の絞り袋がわりにしても。

❻ 泡立て器
ワイヤーの強度があり、本数の多いステンレス製がおすすめ。

❼ ゴムベラ
ヘラと持ち手が一体化されているシリコン製のものを。全長26cm、ヘラの長さは9cmほどが◎。加熱したチョコレートを混ぜるので、耐熱性のものを使いましょう。

❽ めん棒
生地を伸ばしたり、タルト生地のクッキーを砕いたりするときに使います。

❾ ラップ
材料を電子レンジで加熱するときや、生地を乾燥から守るときなどに必須。

❿ まな板
チョコレートを刻む、生地やフルーツを切るときなど、さまざまに活用。

⓫ 計量器
計量に欠かせません。0.1g単位で計量できるデジタル式が使いやすいです。

⑫ ケーキクーラー
焼き上がった生地を冷ますのに使用。ふっくらと焼き上げたいお菓子をオーブンで焼くときに、下から火を通すため、型の下に置くことも（耐熱のものを使用）。

⑬ スプーン
生地を型に流し入れたり、クリームを塗ったりするときに使用。

⑭ 刷毛
焼く前の生地の表面に卵黄を塗るときに使用。

⑮ ナイフ
型から生地をはずすとき、細かいものをカットするときに使用。

⑯ バット
クリームを冷やしたり、湯煎焼きにしたり、何かと活躍します。

⑰ クッキングシート
粉をふるうときに敷いておくと便利。生地を焼く際の型紙として使ったり、天板に敷いて使います。洗って繰り返し使用できるシリコン製のマットも便利。

⑱ 口金
クリームや生地を絞るときに使用。本書では、丸口金、星口金、両目口金を使っています。

⑲ 絞り袋
先端を切り、口金をつけてクリームや生地を絞ったり、口金をつけずにそのまま絞ったりします。

⑳ パレットナイフ
デコレーションに使うクリームやチョコレートをならしたり、型から生地をはずすときなどに使用。

㉑ 包丁
チョコレートや生地などを切るときに使います。

㉒ ゼスター
トッピング用のチョコレートやフルーツの皮を削るときに使用。100円ショップなどでも購入できます。

㉓ スライサー
焼き上がった生地を切るときに使います。ホールケーキなど1回でカットできるよう、長さのあるものがおすすめです。

㉔ 角棒
生地を一定の厚さにカットするときにあると便利。本書では、厚さ1cmを使用。

その他		
オーブンレンジ	庫内の大きさが幅32×奥行29×高さ23cm以上で、1000Wかつ250℃まで設定できるものがおすすめです。	
耐熱性の計量カップ	牛乳を加熱してボウルに注ぎ入れるときなどに便利。	
ミトン	熱いオーブンを扱う際、焼き立ての生地を型から取り外す際などに使いましょう。	
カード	生地をカットしたり、型に流し入れた生地を平らにするときなどに使用。	
竹串	ケーキ生地を焼く前に、竹串でキメを整えます。	

基本の型

本書で使う基本の型をご紹介します。

ⓐ 角型の保存容器

P.70「ブッシュ・ド・ノエル」のスポンジ生地を焼くときに14×20cm程度で電子レンジ対応のものを使用。

ⓑ スクエア型

18×18cmの底取れ式を使用。P.18「生チョコ」、P.40「ブラウニー」など、さまざまなお菓子に活躍します。

ⓒ 耐熱グラス

プリンやゼリーを作るときに使用。容量150mlのものが1人分に使いやすいです。

ⓓ ブリュレ皿

高さ3.5cm程のココット（耐熱）を使用。これより高さがある場合は3.5cm程度の厚みになるよう液を流す。

ⓔ 角型（ロールケーキ型）

27×27×高さ1.7cmを使用。本書では、P.74「オペラ」の生地を焼くときに使います。

ⓕ パウンド型

7.5×17×高さ6cmのブリキ製を使用。クッキングシートを敷いて使います（フッ素加工されている場合は不要）。四角に穴が開いているタイプの場合、湯煎焼きをする際には水分が入らないよう、必ずバットに入れること。

ⓖ セルクル型

底がない枠だけの型で、円形や四角など、さまざまな形、大きさがある。P.54「フォンダンショコラ」は直径5.5×高さ4.5cmの円形、P.74「オペラ」は18×7×高さ5cmの長方形を使用。

ⓗ タルト型

直径18cmの底取れ式を使用。底が取れるタイプだと、あとでタルトを型からはずすのがスムーズです。

ⓘ 丸型（ケーキ型）

直径15cmの底取れ式を使用。タルト型と同じく、焼き上がり後のケーキを型からはずすときに底が取れると便利です。

ⓙ シフォン型

直径17cmの底取れ式を使用。紙製ではなく、熱伝導のよいアルミ製の型を使うのがおすすめ。ムラなく焼き上がります。

ⓚ フィナンシェ型

本書では8個ずつ焼けるブリキ製の型を使用。シリコン型を使う場合、焼き方がレシピと異なるので避けてください。

ⓛ マドレーヌ型

本書では8個ずつ焼けるブリキ製の型を使用。型に厚みがあると熱の伝わりがよく、おいしく焼けるのでベター。

ⓜ カヌレ型

本書では12個ずつ焼ける型を使用。フッ素加工されたものが使いやすくて◎。

ⓝ マフィン型

直径7×深さ3.5cmのマフィンが6個焼ける型を使用。直径5cmのグラシン紙を敷いて使います。

015

型紙の敷き方　3パターンの型紙の敷き方を紹介します

角型（ロールケーキ型）の型紙の敷き方

型の高さより1cm程高くなるよう、型より一回り大きくクッキングシートをカットする。

型の高さに合わせて、クッキングシートの角を均等に半分にするよう、斜めに切り込みを入れる。これを四隅すべてに行う。

クッキングシートを型の中に入れ、底面に合わせて敷く。

パウンド型の型紙の敷き方

型の大きさより一回り大きめにクッキングシートをカットする。均一に型紙を敷けるよう、底面に合わせてクッキングシートに折り目をつける。

同様に、側面に合わせて折り目をつけておく。

折り目をしっかりつけたら、側面の四辺（赤い線の部分）にハサミで切り込みを入れる。

クッキングシートを型に合わせて折りたたむ。

両手で折りたたんだ部分を押さえながら、型に敷く。

丸型（ケーキ型）の型紙の敷き方

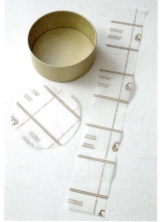

クッキングシートを底面に合わせて1枚、側面をぐるりと1周する分を1枚（型の高さより1cm程高くなる大きさで）、それぞれカットする。まずは側面に敷き、次に底面を敷く。

Part.1
定番のお菓子 5 選

チョコレートならではの濃厚なおいしさが楽しめる生チョコやトリュフに加え、
気軽に作りやすいクッキーやマドレーヌなどもチョコレート味にしてお届けします。
お菓子初心者ならまずはここから始めてみませんか。
お菓子作りに慣れている人も、ワンランクアップできる作り方を覚えましょう。

生チョコ

軽やかなくちどけが簡単に実現！
ほろ苦いビターとまろやかなホワイト、
それぞれの風味を楽しんでください。

材料 （18×18cmスクエア型1台分/36カット分）

[ビター]
ビターチョコレート ･･･ 230g
生クリーム ･･･ 200g
無塩バター ･･･ 20g
ココアパウダー ･･･ 20g

[ホワイト]
ホワイトチョコレート ･･･ 300g
生クリーム ･･･ 100g
無塩バター ･･･ 15g
粉糖 ･･･ 適量

Ganache

Part.1　定番のお菓子5選

1 クッキングシートを型の側面と底面の大きさに合わせて2枚カットする。十字にクロスさせるようにして、型に敷く。

2 耐熱ボウルにビターチョコレートと生クリーム40gを入れ、ラップをして600Wの電子レンジで1分温める。泡立て器でボウルの中心から、なめらかになるまで混ぜる。

3 残りの生クリームとバターを耐熱容器に入れ、ラップをして600Wの電子レンジで1分半温める。これを**2**に少しずつ加え、都度泡立て器でしっかり混ぜる。

4 ゴムベラで混ぜ残しがないか確認しながら混ぜる。完全に乳化し、ツヤがでてなめらかな状態になればOK。

5 型に流し入れ、4〜5回軽く台に打ちつけて、生地を平らにする。冷蔵庫で1時間以上冷やす。

6 完全に固まったら型から外し、ココアパウダーをふる。下に敷いたクッキングシートを1枚抜き、表面に重ねて裏返す。同様に裏側にもココアパウダーをふる。

 point　固まるとクッキングシートからきれいにはがせる。

7 直火で包丁を温め、定規をあてて3cm角にカットする。

 point　切るたびに包丁をかたく絞ったふきんで拭き、温める。長めの包丁がおすすめ。

8 [ホワイト]は耐熱ボウルに粉糖以外の材料を入れ、600Wの電子レンジで1分温めて溶かす。なめらかになるまで混ぜたら型に流す。冷やし固めたら、粉糖をふる。

Chocolate memo

分離はするもの！しっかり混ぜればOK

チョコレートと生クリーム、バターを混ぜると最初は分離した状態になります。特にカカオ分が高いほど分離しがちですが、混ぜ続けることで乳化され、なめらかになるので問題なし。どうしても状態が変わらないなら、水か生クリームを10cc足してみましょう。

トリュフ

中はくちどけなめらか、外はパリッと！
テンパリングいらずで手軽にできるのに
本格トリュフを堪能できます。

材料 （20個分）

ミルクチョコレート‥‥200g
生クリーム‥‥100g
ココアパウダー‥‥40g
ビターチョコレート‥‥50g

Part.1　定番のお菓子5選

1. 耐熱ボウルにミルクチョコレートと生クリームを入れ、ラップをして600Wの電子レンジで1分半温める。泡立て器でボウルの中心から、なめらかになるまで混ぜる。

2. ゴムベラで混ぜ残しがないか確認したら、バットに流し入れて、ラップを密着させる。冷蔵庫で冷やし1時間固める。

3. ラップを外し、ココアパウダーを表面にまんべんなくふる。ラップを上から重ねて裏返し、反対側も同様にココアパウダーをふる。

4. 目分量で20等分（1カット＝15g目安）するように包丁でカットする。

5. 1カットずつ、ゴム手袋をはめた手のひらでころころと丸める。ビターチョコレートを600Wの電子レンジで30秒で3〜4回に分けて温め、なめらかになるまで混ぜる。

6. 手のひらに溶かしたビターチョコレートを適量とり、その上で5を転がしてコーティングする。1個につき3回繰り返す。

7. 3個コーティングしたら、ココアパウダー（分量外）を入れておいたバットに入れる。前後にバットを揺らし、全体にたっぷりまぶす。残りも同様に繰り返す。

8. 茶こしに1個ずつ入れ、余計なココアパウダーを落とす。

 point これをやらないとココアパウダーが多くて口の中がボソボソしてしまう。

Chocolate memo

コーティングは薄いほどパリパリに

中のガナッシュをできるだけ薄くビターチョコレートでコーティングしましょう。このひと手間がおいしさの決め手！パリパリッとした食感が際立ちます。ココア以外に、粉糖、ピスタチオパウダー、アーモンドダイス、ココナッツ、いちごパウダーをふるのもおすすめです。

クッキー

ほろほろとした生地に濃厚なチョコが絶妙。
一度に2種類のディアマンクッキーができる
お得でおいしいレシピです。

材料 （各15枚分）	[プレーン]	下準備

材料　（各15枚分）

無塩バター‥‥120g
粉糖‥‥80g
卵‥‥1個
塩‥‥2g
トッピング用
グラニュー糖‥‥適量

[プレーン]
薄力粉‥‥100g
アーモンドパウダー‥‥15g
ビターチョコレート
（または チョコチップ）‥‥25g

[ココア]
薄力粉‥‥80g
ココアパウダー‥‥20g
アーモンドパウダー‥‥15g
ビターチョコレート
（または チョコチップ）‥‥25g

下準備

・無塩バターと卵を常温に戻し、卵は溶いておく
・プレーン生地は薄力粉、アーモンドパウダーの順にふるいに入れ、3回ふるう
・ココア生地は薄力粉、ココアパウダー、アーモンドパウダーの順にふるいに入れ、3回ふるう
・ビターチョコレートは、包丁で粗く刻む
・オーブンを180℃に予熱する

Part.1　定番のお菓子5選

1
常温にしたバターをゴムベラでやわらかくなじませる。

2
粉糖を加え、ゴムベラで均一になるまで混ぜる。

3
溶き卵を加え、ゴムベラで均一になるまで混ぜる。塩を加え、混ぜたら、半量（125〜130ｇ）ずつ、プレーン用、ココア用のボウルに各々取り分ける。

4
3の2つのボウルに、それぞれふるった粉類を加え、粉っぽさがなくなるまで混ぜる。

 point ゴムベラを短く持ち、バターの水分を粉に吸わせるイメージで押しつけるように混ぜていく。

5
刻んだビターチョコレートをそれぞれ加え、生地の中に混ぜる。

6
生地を直径3cm程の棒状に丸めて、ラップに包む。冷凍庫で2時間以上休ませる。

point 次の工程7で使うバットの大きさに合わせて、棒の長さを調整しておくとよい。

7
ラップをはがし、バットに入れたグラニュー糖の上に置く。両手でころころと生地を転がしながら、全面に砂糖をまぶす。

point きなこをグラニュー糖に混ぜて、まぶしてもおいしい！

8
1〜1.5cm程度の厚さにカットする。クッキングシートを敷いた天板に並べ、170℃のオーブンで15〜20分焼く。

point 包丁の先端をまな板につけて、包丁の重さを利用してカットすると切りやすい。

Chocolate memo

分離したらサクホロ系
分離しないとハード系

卵を全卵で混ぜると生地が分離しがち。クッキーをサクサク、ほろほろの食感にしたいなら、卵は全卵を混ぜて、生地を分離させてOK。アイシングクッキーなどに使うようなかたくしっかりとした生地にするなら、分離させるのはNG。先に卵黄を混ぜてから、卵白を混ぜると分離せずにまとまります。

023

チョコシフォンケーキ

しっかり混ぜて、泡立てれば失敗ナシ！
ふわふわできめ細かなシフォン生地を
チョコレートでしっとりと焼き上げましょう。

Chocolate chiffon cake

Part. 1　定番のお菓子5選

材料	（直径17cmシフォン型1台分）	下準備

ビターチョコレート…… 40g
水…… 60g
卵…… 4個
薄力粉…… 60g
ココアパウダー…… 20g
ベーキングパウダー…… 3g
きび糖…… 100g

・卵を常温に戻し、卵黄と卵白に分ける
・薄力粉、ココアパウダー、ベーキングパウダーの順にふるいに入れ、3回ふるう
・オーブンを180℃に予熱する

1

ビターチョコレートと水を耐熱ボウルに入れ、ラップをして600Wの電子レンジで1分半温める。泡立て器で溶け残りがないようよく混ぜる。

2

卵黄とふるっておいた粉類を加え、ボウルの中心から泡立て器でなめらかになるまで混ぜる。

 point 混ぜすぎるということはないので、しっかり混ぜる！

3

別のボウルに卵白ときび糖を入れ、ハンドミキサーで泡立てる。最初は飛び散るのを防ぐため、低速でスタートする。

4

最高速に切り替えて一気に泡立てる。まずは、粗い泡がたくさん出てくる。

5

なめらかな泡になってきたら、中速に落とす。

 point 速度を落とすことで泡が均一になり、これがシフォン生地のキメになる。

6

ボウルを傾けても動かないくらいのかたさになればOK！

025

7
6のメレンゲの一部を2に入れて、ゴムベラでよく混ぜ合わせる。

 point メレンゲとチョコレート生地のかたさが異なるため、一度に入れると混ざりにくい。まずは一部を入れてかたさを近づけてから、全体を混ぜる。

8
7を6のメレンゲのボウルに戻し入れ、ゴムベラで底からすくうようにして混ぜる。

 point 混ぜすぎても生地はしぼまない。しっかり混ぜ合わせること！

9
生地を型に流し入れる。竹串でクルクルと小さな円を描きながら1周する。天板に型をのせ、170℃のオーブンで50分焼く。

 point 竹串で気泡を整えることで、気泡の大きさが整い、均一な膨らみになる。

10
焼けたら裏返して粗熱をとる。

 point しっかり冷ますときれいに型からはずしやすい。

11
型の側面と中心のそれぞれの縁に沿ってナイフを1周入れ、側面の型からはずす。

12
底面にもナイフを1周入れる。

13
型の底面をはずす。

14
きれいなシフォンケーキの完成！

混ぜすぎを恐れない！しっかりと混ぜること

生地と粉、メレンゲとチョコレート生地、どちらも混ぜすぎるということはないので、しっかりと混ぜ合わせることが大切です。シフォン型は、紙製ではなく、アルミ製を使いましょう。熱伝導がよく、ムラなく焼き上がります。

Part.1 　定番のお菓子5選

Arrange recipe

チョコフルーツサンド

みずみずしい柑橘とチョコレートが好相性！
ほかにもいちごやバナナ、マスカット、ぶどう、
柿などお好みのフルーツをサンドして召し上がれ。

材料

P.24
「チョコシフォンケーキ」……1個
ミルクチョコレート……70g
生クリーム……200g
水あめ……20g
夏みかん……適量

1

ミルクチョコレートと生クリーム70g、水あめを耐熱ボウルに入れ、ラップをして600Wの電子レンジで90秒温める。溶け残りがないようよく混ぜ、残りの生クリームを冷えたまま入れて混ぜる。

2

冷蔵庫で3時間程度、完全に冷やしたら、ハンドミキサーで泡立てる。

 point 冷やさないとクリームがボソボソになってしまう。一晩寝かせるとよりしっとりする。

3

10切の星口金をつけた絞り袋に**2**を入れる。シフォンを6等分にカットし、切れ込みを入れる。クルクルとクリームを絞ったら、くし切りにした夏みかんをのせる。

チョコフィナンシェ

香ばしい焦がしバターがおいしさのカギ。
泡の状態と香りの立ち具合をみて
しっかり焦がすと格別なおいしさになります。

材料 （フィナンシェ型8個分）

無塩バター ···· 75g
ミルクチョコレート ···· 20g
卵白 ···· 60g
グラニュー糖 ···· 50g
薄力粉 ···· 15g
ココアパウダー ···· 3g
アーモンドパウダー ···· 25g
ベーキングパウダー ···· 2g
型用バター ···· 適量

下準備

・薄力粉、ココアパウダー、アーモンド
　パウダー、ベーキングパウダーの順に
　ふるいに入れ、3回ふるう
・型にバターを薄く塗っておく
・オーブンを190℃に予熱する

Part.1　定番のお菓子5選

1

焦がしバターを作る。まず無塩バターを小鍋に入れ、強火にかける。焦げないよう泡立て器で混ぜ続けながら加熱し、泡がぶくぶくとでてきたら弱火にする。

2

さらに泡立て器で混ぜ続け、たぬき色になり香りが立ってきたら、鍋を氷水につけて冷やす。

3

少し冷めたらミルクチョコレートを加え、混ぜながら余熱で溶かす。

4

卵白とグラニュー糖をボウルに入れ、泡立て器で全体を混ぜ合わせる。

point 冷凍しておいた卵白があれば、冷蔵で解凍してから使用OK。冷凍卵白は1ヵ月ほど保存可能。

5

4にふるっておいた粉類を加えて、ボウルの中心から粉っぽさがなるまで混ぜる。

6

3を流し入れて、ゴムベラで全体を混ぜ合わせる。絞り袋に入れる。

point 全体にツヤがでてなめらかな生地になる。

7

絞り袋の先端をハサミでカットし、フィナンシェ型に生地を流し込んでいく。

8

180℃のオーブンで13〜15分焼く。

point 型の下に網や他の型を置き、下からも火が通るように焼くと、外はカリッと、中はしっとりと仕上がる。

焦がしバターを入れると香ばしさアップ

バターをたぬき色くらいの濃い茶色になるまで焦がすと、香ばしさが増してワンランク上のおいしさに仕上がります。ただし、バターを火にかけるときは焦げやすいので目を離さないよう注意を。フィナンシェ型は金属製を使うと、さらに焼き上がりの生地がふわっとしっとりできます。

029

Column

万能！
チョコソース

電子レンジでしっかり沸かすことが成功の秘訣。
お菓子やドリンク、ヨーグルトなど、
お好みでかけるとチョコレートの
おいしさが深まります。

材料

ビターチョコレート……50g
水……50g
生クリーム……50g
きび糖……25g
ココアパウダー……15g

1 ココアパウダーときび糖をスプーンなどで混ぜておく。

point
事前に混ぜておくとダマ防止になる。

2 耐熱ボウルにビターチョコレートと水、生クリームを入れ、ラップをして600Wの電子レンジで2分程度加熱して沸かす。1を加えて泡立て器で混ぜる。

point
しっかりと沸かす！

3 ラップを戻し600Wの電子レンジで1分加熱して、さらに沸かす。きび糖の粒がなくなるまでゴムベラで混ぜ、溶け残りがないよう底を返しておく。

4 氷水に当てて、1分程度混ぜながら急冷する。ツヤのあるなめらかなチョコソースができたら、清潔な保存容器に流し入れる。

point
乾燥しないよう、密着させるようにラップをして冷蔵で保存する。

Part.2

チョコレートの焼き菓子

ケーキにタルトにマカロンに──。
チョコレートを使った焼き菓子をバラエティ豊かに紹介します。
レシピ通り進めるだけで、いつものお菓子がワンランク上の味わいに。
「え! こんなものまで手作りできるの!?」というハードルの高そうなお菓子だって、
江口流レシピなら驚くほど気軽にトライできます。

ガトーショコラ

ふんわりとした食感のヒミツはたっぷりの卵。
生クリームなしでもしっとりと、
表面はカリッと香ばしく仕上がります。

材料 （直径15cm丸型1台分）

ビターチョコレート････150g
無塩バター････150g
きび糖････140g
卵････3個
薄力粉････70g
粉糖････適量

下準備

・卵を常温に戻す
・常温に戻した無塩バターをボウルに
　入れ、全体を軽く混ぜてやわらかく
　しておく
・オーブンを180℃に予熱する

Gâteau au chocolat

Part.2　チョコレートの焼き菓子

1

型の側面と底面に合わせてクッキングシートをカットし、型に入れる。

 point　側面のクッキングシートは、型よりも1cm程高くなる大きさにカットする。

2

ビターチョコレートを耐熱ボウルに入れ、600Wの電子レンジで30秒×3回温める。都度泡立て器で混ぜて溶かす。

3

きび糖を入れたボウルにやわらかくしておいた無塩バターを加え、ゴムベラで混ぜる。

 point　ゴムベラを短く持ち、バターの水分を砂糖に吸わせるよう押し付けて混ぜる。

4

きび糖とバターが混ざったら、ひとまとめにする。

5

卵を3個とも加えて、泡立て器で均一になるまで混ぜる。

 point　この段階では分離している状態でOK！

6

2を加えて、なめらかになるまで泡立て器で混ぜる。

 point　分離していたところが、ここでなめらかな生地になる。

7

薄力粉をふるい入れ、泡立て器で粉っぽさがなくなるまで混ぜる。ゴムベラで混ぜ残しがないよう底からすくっておく。

8

よく混ぜたら生地を型に流し入れ、4〜5回軽く台に打ちつけて、生地を平らにする。170℃のオーブンで50〜60分焼く。冷めたら粉糖を茶こしでふるう。

Chocolate memo
バターはやわらかく カカオは65％以上でカリッと

バターは冷たいままでは生地に混ざりません。必ず常温に戻すことが大切です。さらに全体を軽く混ぜてやわらかくしておくことで、空気が含まれてより混ざりやすくなります。あとは材料を順に入れ、混ぜて焼くだけ！表面をカリッと仕上げるには、カカオ65％以上のチョコレートを使いましょう。

パウンドケーキ

2種類のブレンドしたチョコレートが
超濃厚で深みのある味わいを生み出します。
冷蔵庫で2〜3日休ませると、よりしっとり。

Pound cake

Part.2　チョコレートの焼き菓子

材料	（7.5×17×高さ6cm パウンド型1台分）
ビターチョコレート	…… 100g
ミルクチョコレート	…… 50g
無塩バター	…… 35g
上白糖	…… 35g
卵	…… 2個
薄力粉	…… 15g
アーモンドパウダー	…… 15g
ベーキングパウダー	…… 2g

下準備
- 無塩バターと卵を常温に戻す
- 薄力粉、アーモンドパウダー、ベーキングパウダーの順にふるいに入れ、3回ふるう
- オーブンを180℃に予熱する

おいしさの秘密は材料の組み合わせ

必要なのは、溶かす・混ぜる・焼くと簡単な手順のみ。それだけで本格的な味ができるのは、2種類のチョコレート、上白糖、アーモンドパウダーの働きです。チョコレートは1種類のみでも、また他の種類の砂糖や薄力粉のみでも作れますが、おいしさを優先するならレシピの材料で作りましょう。

1

型の側面と底面に合わせてクッキングシートをカットし、型に敷く。

 point 側面のクッキングシートは、型よりもやや高めにカットする。

2

ビターチョコレート、ミルクチョコレート、無塩バター、上白糖を耐熱ボウルに入れ、ラップをして600Wの電子レンジで30秒×3回温める。泡立て器で混ぜて溶かしたら、卵を1個加えて混ぜる。

3

残りの卵も加えて、なめらかになるまで混ぜる。

 point しばらく分離していても、混ぜ続けるうちになめらかになり、ツヤも出てくる。

4

ふるっておいた粉類を加え、泡立て器で混ぜる。粉っぽさがなくなったら混ぜ残しがないようゴムベラで底からすくう。

5

生地をよく混ぜたら型に流し入れる。型を4〜5回軽く台に打ちつけて、生地を平らにする。天板に型をのせ、170℃のオーブンで45分焼く。

6

焼けたら型からはずし、熱いうちにすぐにラップでぴったりと全体を包む。粗熱がとれるまで置いておく。

 point 熱いうちにラップで包むと、生地がしっとりと仕上がる。

マドレーヌ

外はカリッ、中はしっとり。
溶かしバター×はちみつのコンビが
理想的なふっくらマドレーヌを叶えます。

Madeleine

Part.2 チョコレートの焼き菓子

材料 （マドレーヌ型8個分）
無塩バター ···· 60g
はちみつ ···· 10g
卵 ···· 1個
きび糖 ···· 40g
薄力粉 ···· 50g
アーモンドパウダー ···· 15g
ココアパウダー ···· 5g
ベーキングパウダー ···· 2g
型用バター ···· 適量

下準備
- 卵を常温に戻す
- 薄力粉、アーモンドパウダー、ココアパウダー、ベーキングパウダーの順にふるいに入れ、3回ふるう
- マドレーヌ型にバターを薄く塗る
- オーブンを200℃に予熱する

Chocolate memo
溶かしバターで生地ふっくら

生地を温めることで、焼き上がりにマドレーヌならではのふっくらとした"おへそ"ができます。そのため、40〜60℃の溶かしバターを使うのがポイント。また、はちみつを加えることで、生地に混ざりやすくなるだけでなく、表面はカリッと中はしっとり仕上がります。

1

耐熱ボウルに無塩バターとはちみつを入れ、600Wの電子レンジで30秒×2回温める。軽く混ぜて溶かしバターにする。

 point バターとはちみつを一緒に加熱すると、生地に混ざりやすくなる。

2

別のボウルに卵ときび糖を入れ、泡立て器で混ぜる。

3

2にふるっておいた粉類を加えて、ボウルの中心から混ぜる。粉っぽさがなくなればOK。

 point 混ぜすぎるということはないので、しっかり混ぜること。

4

1で作った溶かしバターを加え、泡立て器で混ぜる。混ぜ残しがないようゴムベラで底からすくうようにして、サラサラになるまで混ぜる。

 point 溶かしバターは40〜60℃を目安に使うこと。

5

絞り袋に生地を入れ、先端をカットしたら、マドレーヌ型の8分目まで絞る。

6

天板の上に網を重ね、その上に型をのせて、190℃のオーブンで13〜15分焼く。

 point 型の下からも熱が入るようにして焼くと、ふっくらと焼き上がる。

チョコマフィン

粗く刻んだチョコレートチップをプラスして
チョコレート感を深めました。
ザクザクとした食感もいいアクセント！

Part.2　チョコレートの焼き菓子

材料	（マフィン型6個分）

薄力粉 …… 130g
ココアパウダー …… 20g
アーモンドパウダー …… 10g
ベーキングパウダー …… 5g
きび糖 …… 100g
無塩バター …… 50g
牛乳 …… 100g
卵 …… 1個
ビターチョコレート …… 30g

下準備

・卵を常温に戻す
・薄力粉、ココアパウダー、アーモンドパウダー、ベーキングパウダーの順にふるいに入れ、3回ふるう
・ビターチョコレートを粗く刻んで冷蔵庫で冷やす
・マフィン型に型紙を敷く
・オーブンを180℃に予熱する

Chocolate memo

お好みの味にアレンジOK！

焼く前にトッピングしたビターチョコレートを「ホワイトチョコレート」に置きかえることも可能です。チョコレート以外にも、ブルーベリーやナッツ、いちごなどもおすすめ。お好みでいろいろなアレンジを楽しんでください。

1 耐熱容器に無塩バターと牛乳を入れ、ラップを二重にして600Wの電子レンジで1分温め、軽く混ぜる。

 point 注ぎ口が付いた耐熱の計量カップを使うと、工程3で注ぎやすくて便利。

2 ボウルにふるっておいた粉類ときび糖を入れる。真ん中をややくぼませたら卵を加え、泡立て器で卵と中心部分にある粉を混ぜる。

3 1を真ん中に向けて注ぎ入れる。

4 ボウルの中心から徐々に混ぜていく。

 point 中心が混ざったら、外側も徐々に混ぜていくイメージ。

5 粉っぽさがなくなればOK。

6 グラシン紙を敷いた型に生地をスプーンで8分目まで入れ、刻んだビターチョコレートをのせる。天板に型をのせ、170℃のオーブンで35分焼く。

ブラウニー

ナッツは生地の中に押しこまず、
表面のナッツ層と濃厚なチョコレート層の
2層の食感を作るのがおいしさへのこだわり。

Part.2 | チョコレートの焼き菓子

| 材料 | (18×18cmスクエア型 1台分) |

ビターチョコレート‥‥100g
ブラウンシュガー‥‥200g
無塩バター‥‥180g
卵‥‥3個
薄力粉‥‥85g
くるみ‥‥50g
カシューナッツ‥‥30g

| 下準備 |

・卵を常温に戻す
・オーブンを180℃に予熱する

旬を味わえる優秀ブラウニー

焼きたてを食べるなら、旬のフルーツのトッピングもOK。いちご、いちじく、オレンジ、パイナップル、バナナなどフルーツを厚さ約1cmに切って、表面に散らします。シナモンをまぶしたりんごも最高！ドライフルーツを使うなら、工程5で生地に混ぜて焼きましょう。

1

クッキングシートを型の側面と底面の大きさに合わせて2枚カットする。十字にクロスさせるようにして、型に敷く。

2

耐熱ボウルにビターチョコレート、ブラウンシュガー、無塩バターを入れ、ラップをして600Wの電子レンジで30秒×6〜7回温める。溶け残りがないよう泡立て器でよく混ぜる。

3

卵を割って2に加え、泡立て器でサラッとした状態になるまで混ぜる。

 point 初めは重く、分離したようになるが、混ぜるうちに乳化され、サラサラとしたなめらかに状態になる。

4

薄力粉をふるい入れ、泡立て器で粉っぽさがなくなるまで混ぜる。

5

混ぜ残しがないよう、底面や側面を泡立て器でこそげながら混ぜる。ツヤが出てなめらかになったら、型に流し入れる。型を台に軽く打ちつけて、全体を平らにする。

6

ナッツを全体に散らし、170℃のオーブンで50分焼く。粗熱がとれたらお好みの大きさにカットする。

 point ナッツは大きいものから入れると、小さいナッツも表面にきれいに見える。

テリーヌショコラ

チョコレートのおいしさをダイレクトに
堪能できるテリーヌ。生地をしっかり混ぜれば
口どけのいい究極のなめらかさが叶います。

Terrine chocolat

Part.2 | チョコレートの焼き菓子

| 材料 | （7.5×17×高さ6cm パウンド型1台分） |

ビターチョコレート‥‥120g
ミルクチョコレート‥‥40g
きび糖‥‥60g
無塩バター‥‥110g
卵‥‥2個

下準備
・オーブンを170℃に予熱する

Chocolate memo

チョコレートを焦がさない！

チョコレート単体で電子レンジに長い時間かけると焦げてしまうのでNG。必ずバターなどと一緒に加熱するか、30秒ずつこまめに分けて温めましょう。このレシピでは最初にレンジにかけたあと、生地が温かいうちに焼くので、なめらかな仕上がりに！

1

クッキングシートを型の底面と側面に合わせてカットし、P.16の要領で敷く。

2

耐熱ボウルにビターチョコレート、ミルクチョコレート、きび糖、無塩バターを入れて、600Wの電子レンジで30秒×4回温める。

3

泡立て器で混ぜ、チョコレートを溶かす。

 point　きび糖のザラザラとした溶け残り感があってもOK。卵を加えると溶ける。

4

卵を1個入れ、均一になるまで泡立て器でよく混ぜる。2個目の卵を加え、なめらかになるまでさらに混ぜる。

5

混ぜ残しがないよう、ゴムベラで底をすくう。流れるようななめらかな状態になったら型に流し入れ、台に数回軽く打ちつけて表面を平らにする。

6

天板の上にバットを重ね、5をのせる。天板に水を1cm程流し入れ、160℃のオーブンで25分湯煎焼きにする。焼き上がったら粗熱をとり、冷蔵庫で1時間程冷やす。

 point　バットを重ねるのは、型の角に穴が開いている場合に水が入るのを防ぐため。

043

チョコチップスコーン

重厚感のあるスコーンは生地を伸ばして、
切って、重ねれば完成！ ココア生地に
チョコチップを加えてより濃厚な味わいが楽しめます。

材料 （6個分）

薄力粉 ⋯⋯ 180g
ココアパウダー ⋯⋯ 15g
ベーキングパウダー ⋯⋯ 5g
無塩バター ⋯⋯ 50g
きび糖 ⋯⋯ 40g
卵 ⋯⋯ 1個
ヨーグルト（無糖）⋯⋯ 30g
牛乳 ⋯⋯ 20g
ビターチョコレート
（チョコチップ用）⋯⋯ 40g
表面に塗る用の溶き卵 ⋯⋯ 適量（約10g）
打ち粉用の強力粉 ⋯⋯ 適量

下準備

・卵を常温に戻す
・薄力粉、ココアパウダー、ベーキングパウダーの
　順にふるいに入れ、3回ふるう
・冷蔵庫から出した冷たい無塩バターを1cm角くらいに切る
・ビターチョコレートを粗めに刻む
・オーブンを180℃に予熱する

Chocolate chip scone

Part.2 | チョコレートの焼き菓子

1
ボウルにふるっておいた粉類を入れ、刻んだバターを加えてゴムベラで混ぜる。

 point バターはわざわざ潰さなくてOK。2でき び糖と触れ合わないよう、粉を全体にま とわせておく。

2
きび糖を加えて、ゴムベラで混ぜる。

 point サクサクした生地に仕上げるには、バター がきび糖の水分を吸収しないよう、この 順番で混ぜるのがポイント。

3
卵をボウルの中心に入れ、中心部分に ある粉と混ぜる。牛乳とヨーグルトを加 え、ゴムベラを短く持って全体を混ぜる。

 point ヨーグルトを入れると、サクサク感がアッ プ。また、ふわっとした焼き上がりに。

4
刻んだビターチョコレートを加え、全体 に混ぜる。ひとまとめにして長方形に整 えたらラップで包み、冷蔵庫で1時間 程休ませる。

5
打ち粉用の強力粉を打った台に4をの せ、上からも強力粉をふる。めん棒で 一回り大きくのばす。

6
カードで半分にカットし、表面の粉を 軽く払って、2枚の生地を重ねる。5〜 6をあと3回繰り返す。

 point 粉がついていると接着しづらい。5〜6を 繰り返すと生地の層にバターが所々に入り、 層ごとにしっかり膨らんだ焼き上がりに。

7
包丁で半分に切り、さらに6等分する。天 板を裏返してクッキングシートを敷き、生 地を置いたら溶き卵を刷毛で表面に塗る。

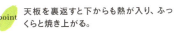 point 天板を裏返すと下からも熱が入り、ふっ くらと焼き上がる。

8
170℃のオーブンで20分焼く。

 point 生地が膨らんで側面の層が割れてくると 焼き上がりのサイン。

サクッ！ほろっ生地は 手順を守れば簡単

「バターは冷えたまま使う」「薄力粉 でバターを一かけずつコーティングし て砂糖と触れさせない」「生地を4回 重ねる」といったポイントを守りながら、 順に進めれば、サクッほろっの食べ 応えのあるスコーンが簡単にできます。 ヨーグルトも忘れずに入れること。

045

生ドーナツ

卵不使用・ふるわない・こねない！
面倒はナシ、しっかり膨らませることで
もちふわの最高の生ドーナツが完成！

材料 （6個分）

[ホワイトチョコクリーム]
ホワイトチョコレート … 30g
生クリームA … 30g
生クリームB … 150g

[ドーナツ生地]
強力粉 … 180g
グラニュー糖 … 25g
ドライイースト … 3g
塩 … 3g
生クリーム … 20g
水 … 110g
無塩バター … 20g

揚げ油 … 適量
打ち粉用の強力粉 … 適量
トッピング用のグラニュー糖 … 50g

下準備

・無塩バターを常温に戻す

Soft donut

Part.**2** チョコレートの焼き菓子

1
ホワイトチョコレートと生クリームAを耐熱ボウルに入れ、ラップをして600Wの電子レンジで60秒温める。泡立て器で混ぜて溶かしたら、生クリームBを加えて、混ぜる。冷蔵庫で2時間以上冷やす。

2
グラニュー糖とドライイーストを混ぜ合わせ、強力粉の入ったボウルに加える。

 イーストは塩と触れ合うと発酵しにくくなるので、砂糖をまぶしておく。

3
塩を加え、ゴムベラで全体を混ぜ合わせる。

4
生クリームと水を耐熱容器に入れ、600Wの電子レンジで1分温める。これを**3**に加えて、ボウルの中心からゴムベラで混ぜていく。

 生地が温まり、イーストが働いて発酵がうまくできる。耐熱の計量カップを使うと便利。

5
強力粉に水分を吸わせるようになじませ、全体に粉っぽさがなくなればOK。

6
常温にした無塩バターを加える。生地の中に折り込むようにして、バターのかたまりが見えなくなるまで混ぜる。

 バターが滑り、最初は混ぜにくいがだんだんなじんでいく。

7
ひとまとめにしてラップをかけ、沸かしたお湯を張ったボウルに重ねる。2倍の大きさになるまで湯煎発酵する（1時間程度が目安）。

8
2倍に膨らんだら、打ち粉用の強力粉で打ち粉をした台に取り出す。両手で生地の中の空気を出すイメージで、上から軽く押す。

9
生地を6等分（約60g）にカードで分割し、再度上から手で空気を押し出す。

 7で1回目の発酵をしたことで、小麦粉の風味が豊かになり、ふっくらとした生地にもなる。

047

10

表面を張らせるようにして丸めていく。まず生地の両端を持ち、左右にのばして生地を張らせたらのばした両端を底面で合わせる。90度回転させて、同様に行う。

11

数回繰り返して表面がきれいに張ったら、底の部分を指でつまんでとじる。乾燥しないよう素早く、あと5個行う。

 point 表面がきれいに張っていないと、2回目の発酵がいびつになったり、揚げたときにムラができたりする。

12

平らな台にクッキングシートを敷き、生地を並べる。表面を軽く押し、平らにしてドーナツらしい形にする。乾燥しないようラップをかけ、2回目の発酵をする。

13

2倍の大きさになったら(常温なら1時間程度が目安)、生地をのせたままクッキングシートを6等分にカットする。

14

フライパンに180℃の油を熱し、生地が崩れないようクッキングシートのままそっと油の中に置く。片面2分程度揚げる。

point 油の温度が下がらないよう、最大2個ずつ揚げる。クッキングシートは自然にはがれるので取り除く。

15

裏返して、もう2分程度揚げる。網に揚げて、粗熱をとる。

16

バットにトッピング用のグラニュー糖を入れ、生地全体にまぶす。

17

冷やしておいた1をハンドミキサーの最高速でかたく角が立つくらいに泡立てる。丸口金をつけた絞り出し袋に入れておく。

 point ボウルにミキサーを入れるスペースを空けてラップをして、泡立てると飛び散り防止に。

18

生地が常温に冷めたら、側面に割り箸を差し込み、左右にぐりぐりと動かしてクリームを入れる穴をあける。

 point 箸で生地をつき破らないよう注意!

Part.2 | チョコレートの焼き菓子

19

穴に口金を差し、奥からギューッと押し出すように穴にクリームをたっぷり入れる。穴の周囲にも少しのせる。

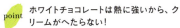 ホワイトチョコレートは熱に強いから、クリームがへたらない！

20

たっぷりのクリームが入った、もちもちふわふわのドーナツが完成！

 絞り出し袋にいちごジャムを塗っておき、泡立てたホワイトチョコクリームを入れて絞ると、いちごジャムクリーム味に！

2回の発酵が おいしさの決め手

1、2回目ともに2倍の大きさになるまでしっかりと発酵させることが大事。それを高温でパッと揚げることによって、もちもちとした最高の食感が生まれます。もし電子レンジなどに発酵機能があれば、35℃で1回目は1時間、2回目は30分が目安です。

生チョコタルト

材料は３つ、タルト生地は焼かない！
超簡単なのに生地はサクッ、中はトロッと溶ける
絶妙なおいしさを堪能してください。

Part.2　チョコレートの焼き菓子

| 材 料 | （直径18cmタルト型1台分） |

[ガナッシュ]
ビターチョコレート‥‥240g
生クリーム‥‥200g

[土台]
クッキー（市販）‥‥120g
ビターチョコレート‥‥60g

仕上げ用ココアパウダー

Chocolate memo

サクッ、トロッ感は 2つのコツにアリ

ポイントは2つ。ひとつはクッキーをできるだけ細かく砕くこと。パウダー状にすることで型にきれいに敷くことができ、サクサクな食感ができます。ふたつめは、ガナッシュはしっかり温めて、よく混ぜること。とろけるようになめらかなガナッシュに仕上がります。

1

クッキーをジッパー付きのポリ袋に入れ、口を少し開けてとじたら、めん棒でパウダー状になるまで細かく砕く。

2

土台用のビターチョコレートを耐熱ボウルに入れ、ラップをしたら600Wの電子レンジで30秒温め、泡立て器で混ぜるを2〜3回繰り返して溶かす。1に流し入れる。

3

2を手でよくもみ、チョコレートをクッキー全体にコーティングさせたら、型に入れる。底が平らなコップで真ん中を押し広げながら、クッキーを全面に広げる。

4

縁に上がってきたクッキーを側面に押しつけながら、縁から出ないよう親指で上を押さえる。

5

耐熱ボウルにガナッシュ用のビターチョコレートと生クリームを入れ、600Wの電子レンジで1分半温める。泡立て器でなめらかになるまでよく混ぜる。ゴムベラで混ぜ残しがないよう底をすくう。

6

型に流し入れたら、台に軽く打ちつけて平らにする。冷蔵庫で30分冷やし固め、型を外す。仕上げにココアパウダーを茶こしでふる。

チョコレートカヌレ

表面はカリッと香ばしく、中はもっちり。
型にバターとはちみつを塗ることでおいしさを
格上げします。濃厚なチョコレート味が絶品！

材料 （12個分）

牛乳 … 550g
無塩バター … 20g
薄力粉 … 110g
ココアパウダー … 30g
きび糖 … 180g
卵 … 2個
型用バター … 適量
型用はちみつ … 適宜

下準備

- 卵を常温に戻す
- 薄力粉、ココアパウダーの順に
  ふるいに入れ、3回ふるう
- カヌレ型に型用のバターを塗り、
  任意で縁にはちみつを塗る
- オーブンを220℃に予熱する

Chocolate canelé

Part.2 | チョコレートの焼き菓子

1. 鍋に牛乳と無塩バターを入れ、火にかけたら完全に沸騰させる。

2. 鍋底を氷水に当ててゴムベラで混ぜながら冷やす。

point しっかり冷やさないと粉からグルテンが出て、生地がネバネバになってしまう。

3. 別のボウルに、ふるっておいた粉類をさらにふるい入れる。

4. きび糖を一気に加えて、全体が混ざるように泡立て器で混ぜる。

5. 卵を加えて軽くほぐしたら、2の半量を加えて全体がなじむまでしっかり混ぜる。

point ボウルの中心から泡立て器で混ぜはじめ、徐々に全体を混ぜていく。粉が多いので、2回に分けてよく混ぜ合わせる。

6. 残りの2を加えて、全体が均一になるまで混ぜる。ラップをして冷蔵庫で3時間〜一晩寝かせ、焼く前に室温に30分程度おき常温に戻す。

7. 常温に戻した生地を裏ごしして、注ぎ口のある容器に入れる。

8. 生地を8分目まで型に流し入れる。210℃のオーブンで20分焼き、190℃に下げて40分焼く。まな板などを被せてそのまま裏返し、型からはずす。

point キッチンペーパーを容器に入れると不要な小さな泡を型に入れずにすむ。

Chocolate memo

はちみつ効果でパリッと焼く

カヌレには一般的に「蜜ろう」が使われますが、このレシピでは「バター」と「はちみつ」を使えば十分パリッとおいしく仕上がります。型の縁にはちみつを塗るだけでワンランク上のおいしさに！

フォンダンショコラ

ナイフを入れると、中のガナッシュがとろ〜り。
濃厚なチョコレートを堪能できるお店のような
フォンダンショコラが自宅で簡単に作れます。

[材料]　（∅5.5×H4.5cmセルクル8個分）

[生地]
ビターチョコレート……120g
無塩バター……100g
きび糖……120g
薄力粉……60g
アーモンドパウダー……30g
卵……3個

[ガナッシュクリーム]
ビターチョコレート……100g
生クリーム……60g
卵……10g（生地用の卵を使う）

[下準備]

- 無塩バターを常温に戻す
- 薄力粉、アーモンドパウダーの順に
  ふるいに入れ、3回ふるう
- 卵はすべて溶いておく
- オーブンを170℃に予熱する

Fondant au chocolat

Part.2 | チョコレートの焼き菓子

1
セルクルに型紙を敷く。側面はセルクルよりやや高めに1周分、底用は一回り大きめにそれぞれクッキングシートを切り、写真のようにセットする。

2
耐熱ボウルにガナッシュ用のビターチョコレートと生クリームを入れ、ラップをして600Wの電子レンジで1分温め、泡立て器でよく混ぜて溶かす。生地用の卵から10gとって混ぜる。

3
1個あたり約20gずつ、シリコン型などに流して冷やし固める（冷凍庫で1〜2時間目安）。

 point シリコン型がなければバットに流して固め、20gずつ切って使ってもOK。

4
生地用のビターチョコレートを別の耐熱ボウルに入れ、600Wの電子レンジで30秒×3回温める。常温にしたバターを加えゴムベラで混ぜる。

5
きび糖を加えて均一になるまで混ぜたら、粉類を加えて粉っぽさがなくなるまで混ぜる。溶き卵を半量加え、均一になるまで混ぜたら、残りの卵を加える。

 point きび糖が溶けきらずサラザラした質感になるが、気にせず粉類を入れる。

6
なめらかになるまで混ぜたら、生地を絞り袋に入れる（口金は不要）。

7
1で準備したセルクルの高さ半分まで、生地を流し入れる。3を軽く指で押し込むように生地に入れる。ガナッシュを入れた分、側面の生地が盛り上がる。

8
7で側面の生地が盛り上がった高さに合わせて生地を絞り入れる。160℃のオーブンで20分焼く。3〜5分おき、側面のクッキングシートごとセルクルをはずす。

Chocolate memo

すべてゴムベラで混ぜるのがカギ

できるだけしっとりした生地にするため、生地を混ぜるときはすべてゴムベラを使うこと。泡立て器を使うと生地に空気が入り、焼くと生地が割れて中のガナッシュが出てきてしまいます。生地の中のガナッシュは、冷めてもレンチンしたらとろ〜り感が復活します！

チョコマカロン

サクサクとしてかろやかなマカロン生地に
とろんとしたガナッシュのコンビが絶妙。
混ぜて焼くだけで、お店のような仕上がりに！

材料 （約30個分）

[マカロン生地]
粉糖 ···· 95g
アーモンドパウダー ···· 85g
ココアパウダー ···· 10g
ペースト用卵白 ···· 1個分（約40g）
メレンゲ用卵白 ···· 1個分（約40g）
グラニュー糖 ···· 60g

[ガナッシュ]
ビターチョコレート ···· 100g
生クリーム ···· 100g

下準備

・ 粉糖、アーモンドパウダー、
ココアパウダーの順にふるい
に入れ、3回ふるう

・ A4用紙にペットボトルのふた
（直径約3cm）で円を約20個
書く（工程5で使用）

・ オーブンを160℃に予熱する

056   Chocolate macaron

Part.2　チョコレートの焼き菓子

1 マカロン生地を作る。ふるっておいた粉類にペースト用卵白を加え、ボウルの中心からゴムベラで卵白に粉を吸わせるようにして粉っぽさがなくなるまで混ぜる。ラップをかけておく。

2 沸騰した湯を耐熱ボウルに入れる。別の耐熱ボウルにメレンゲ用卵白とグラニュー糖を入れ、湯煎にあてながらハンドミキサーで泡立てる。

3 1に2のメレンゲを3回に分けて加え、都度ゴムベラで混ぜる。

 point　1回目はかたくて混ぜにくいため、ゴムベラを短く持って押しつけるように混ぜる。やわらかくなったら2回目を入れる。

4 全体が均一になじんだら、10mmの丸口金を入れた絞り袋に生地を入れる。

5 2枚のオーブン用のシリコンマットで、絞り位置に印をしたA4用紙をはさみ、裏返した天板にのせる。

 point　シリコンマットの代わりにクッキングシートを使っても◎。下にも敷くことで、下からあてる火を弱める狙い。

6 印に合わせてギューッと絞り袋を押すようにして、生地を丸く絞る。150℃のオーブンで15分、3分おきにオーブンの扉を開け、蒸気を抜きながら焼く。残りの生地も同様に焼く。

7 ガナッシュを作る。耐熱ボウルにビターチョコレートと生クリームを入れ、600Wの電子レンジで1分温める。泡立て器で溶け残りがないよう、よく混ぜる。バットに流し入れ、冷蔵庫で1時間冷やす。

8 7を10mmの丸口金をつけた絞り袋に入れ、6の半数の生地に絞り、別の生地でサンドする。

 point　サンドしたら上下の生地を持ち、キュッととじるように少し回すと密着する。

難しいことは省く！それが成功のカギ

マカロナージュなど難しい工程があると、作るハードルが上がりますが、このレシピでは難しい工程はナシ。混ぜて焼くだけなので、この通りにやれば成功まちがいなし！ペーストと生地を混ぜるときは、最初はゴムベラが重いけれど、諦めずに混ぜてください！

生チョコケーキ

ふわふわのチョコレート生地とくちどけ豊かな
チョコレートクリーム。シンプルだからこそ、
濃厚なチョコレートのおいしさが際立ちます。

Chocolate ganache cake

Part.2 | チョコレートの焼き菓子

[材料]（直径15cm丸型1台分）

[スポンジ生地]
卵 …… 2個
グラニュー糖 …… 90g
薄力粉 …… 50g
牛乳 …… 40g
無塩バター …… 20g
ココアパウダー …… 15g

[チョコクリーム]
ビターチョコレート …… 140g
生クリーム …… 400g
水あめ …… 40g

仕上げ用ココアパウダー …… 20g

[下準備]
・卵を常温に戻す
・オーブンを180℃に予熱する

チョコクリームは冷やし休ませて

たっぷり絞るチョコレートクリームは、泡立て前に冷やし休ませること。冷やすとカカオバターが結晶化し、とろみが出てきます。工程11で冷蔵庫から出したときにとろみがなければ、とろみがつくまで休ませましょう。一晩冷やすと、よりなめらかになりベターです。

1
クッキングシートを型の底面と側面に合わせてカットし、型に敷く。

2
耐熱ボウルにチョコクリーム用のビターチョコレートと生クリーム120g、水あめを入れ、600Wの電子レンジで1分温める。泡立て器で混ぜ溶かしたら、残りの生クリームを冷たいまま加え、混ぜる。冷蔵庫で3時間以上完全に冷やす。

3
スポンジ生地用の卵を大ボウルに卵白、小ボウルに卵黄をそれぞれ入れる。

4
3の卵白にグラニュー糖を一気に加え、ハンドミキサーを大きく円を描くように動かしながら高速で5分程、ツヤがでるまで泡立てる。ボウルを傾けても動かない状態になればOK。

5
3の卵黄を加え、ゴムベラで底からすくうように全体を混ぜる。

 point 卵を別立てにすることで、気泡が安定し、ふわふわのスポンジができる。

6
薄力粉をふるい入れ、ゴムベラで底からすくうようにして、色が均一になり、粉っぽさがなくなるまで全体をよく混ぜる。

 point 粉が混ざっていないと膨らまないので、しっかり混ぜる！

Part.2 | チョコレートの焼き菓子

7

別の耐熱ボウルに牛乳と無塩バター、ココアパウダーを入れ、ラップを二重にして600Wの電子レンジで30秒温める。泡立て器で混ぜ溶かしたら、6の一部を入れ、均一になるまで混ぜる。

8

7を6に戻し入れ、ゴムベラで底からすくうようにして均一になるまでよく混ぜる。途中でゴムベラについた生地もボウルにこそげ落とし、混ぜ残しがないように。

9

生地を型に流し入れ、竹串で小さな円をくるくる描きながら一周混ぜる。型を台に数回軽く打ちつけて平らにする。170℃のオーブンで35〜40分焼く。

 point 竹串で混ぜると気泡が均一になり、生地のキメが整う。

10

型からはずし、粗熱がとれたらクッキングシートをはがす。1cmの角棒にナイフをあてながら生地を1cmの厚さに4枚スライスし、ラップをして乾燥を防ぐ。

11

冷やしておいた2をハンドミキサーの中速で1分弱泡立てる。

 point クリームは持ち上げても落ちない、絞れる状態になればOK。

12

星形10番の口金をつけた絞り袋に11を入れる。生地が動かないよう皿の中心にクリームを少し絞り、生地を1枚のせる。端から中央に向かって涙形に絞っていく。

13

涙形に1周絞ったら、中央をおおうようにくるくると渦を描くように絞る。

14

別の生地を1枚上に重ね、上からまな板で軽く押さえて表面を平らにする。同様にあと2段分を組み立て、3段にする。

 point 平らにしておくとデコレーションしやすい。

15

表面は涙形を2重に絞り、中央にくるんと円を描くように絞る。仕上げに茶こしでココアパウダーを全体にふりかける。

チョコシュークリーム

ハードルが高そうなシュークリームは
電子レンジも活用してラクラク作りましょう。
ビターな大人のシュークリームの完成です！

Chocolate cream puff

Part.2 チョコレートの焼き菓子

材料	（8個分）

[生地]
無塩バター ‥‥ 50g
水 ‥‥ 80g
薄力粉 ‥‥ 50g
ココアパウダー ‥‥ 10g
卵 ‥‥ 2個

[チョコクリーム]
卵黄 ‥‥ 2個
グラニュー糖 ‥‥ 50g
薄力粉 ‥‥ 15g
牛乳 ‥‥ 150g
ビターチョコレート ‥‥ 80g
生クリーム ‥‥ 200g

仕上げ用ココアパウダー ‥‥ 適量

Chocolate memo

素早く・温め・水分が生地をふくらませる

シュークリームにはふっくらとふくらんだ香ばしい生地が欠かせません。シュー生地をうまくふくらませるには「バターが熱々のまま素早く混ぜること」「生地をレンジで温めること」「焼く前に霧吹きで水分を与えておくこと」がポイント。

下準備
・卵を常温に戻す
・生地用の薄力粉、ココアパウダーの順にふるいに入れ、3回ふるう
・オーブンを200℃に予熱する

1

耐熱ボウルに無塩バターと水を入れ、ラップをして600Wの電子レンジで1分半温め、ゴムベラで混ぜる。ふるっておいた粉類を加え、素早く練るように混ぜる。

point 熱々のバターに粉の水分を吸わせるように、とにかく素早く混ぜる。

2

粉っぽさがなくなるまで混ぜたら、ラップをして600Wの電子レンジで30秒×2回温める。都度ゴムベラで均一になるよう混ぜる。

3

溶き卵を半量加えて、ゴムベラで素早く混ぜる。残りも加えて混ぜる。

point 卵が混ざりにくいため2回に分けて入れる。

4

ゴムベラで生地を持ち上げて、逆向きの二等辺三角形になれば◎。11cmの丸口金をつけた絞り袋に入れる。生地がかたい場合、様子を見ながら溶き卵を追加で加える。

5

天板を裏返し、オーブン用のシリコンマットやクッキングシートを敷く。直径5cm程の型やコップなどの縁に薄力粉（分量外）をつけて、8個分の印をつける。

6

印に合わせて、4をギューッと押し出すように丸く絞り出す。

063

7

霧吹きで生地の表面を濡らす。

 point 表面についた水分によって、生地がふくらむのを助けてくれる。

8

絞ったときにできた角を、指で軽く押さえる。190℃のオーブンで35分焼く。焼き上がったら、冷ます。

9

チョコクリームのベースとなるカスタードクリームを作る。耐熱ボウルに卵黄とグラニュー糖を入れ、泡立て器で混ぜる。薄力粉をふるい入れる。

10

粉っぽさがなくなるまで、泡立て器でよく混ぜる。

11

牛乳を一気に加え、均一になるまで泡立て器でよく混ぜる。

12

ラップをして600Wの電子レンジで30秒×7回加熱。都度、泡立て器でよく混ぜる。7回目の加熱後、泡立て器で混ぜて、サラッと仕上がればOK。

13

熱々のうちにビターチョコレートを加え、混ぜながら余熱で溶かす。

14

ラップを敷いたバットに流し、上から別のラップをかけて密着させる。冷凍庫に入れて30分急冷する。

 point 乾燥させないようラップで密着させる。薄く広げた方が早く冷える。

15

冷えたらボウルに移し、ゴムベラで弾力が出るまでほぐすように混ぜる。

Part.2　チョコレートの焼き菓子

16

別のボウルに生クリームを入れ、ハンドミキサーで写真のようにボソボソになるくらいかたく泡立てる。

 カスタードと合わせるとクリームがやわらかくなるので、かたく泡立てておく。

17

15に16を少量加え、均一になるまでゴムベラでよく混ぜる。

 カスタードと生クリームのかたさが異なるので、一度に加えても混ざりにくい。そのため、2回に分けて混ぜる。

18

17を16のボウルに戻し入れ、ゴムベラで底からすくうようにして全体を混ぜる。

 17でかたさを近づけているので、混ざりやすい状態になっている。

19

均一な状態になればOK。丸口金を入れた絞り袋に入れる。

20

シュー生地を上から1/3程度の位置を包丁で切り離す。

21

底になる方の生地にクリームを上からクルクルと絞り、もう一方の生地でふたをする。仕上げに、茶こしでココアパウダーをふる。

ザッハトルテ

独特なシャリシャリとした食感が本格的!
しっとりと濃密なチョコレートケーキに
あんずジャムの酸味がおいしいアクセントです。

Part.2 チョコレートの焼き菓子

| 材料 | （直径15cm丸型1台分） |

[ザッハ生地]
卵 ‥‥ 3個
グラニュー糖 ‥‥ 100g
無塩バター ‥‥ 60g
薄力粉 ‥‥ 60g
ビターチョコレート ‥‥ 65g
あんずジャム（市販）‥‥ 50g

[ジャムコーティング]
あんずジャム（市販）‥‥ 200g
グラニュー糖 ‥‥ 40g
水 ‥‥ 40g

[ザッハコーティング]
ビターチョコレート ‥‥ 130g
グラニュー糖 ‥‥ 150g
水 ‥‥ 70g

下準備

・ザッハ生地用の卵を常温に戻し、卵白は大ボウルに、卵黄は小ボウルに分けて入れる
・常温に戻した無塩バターをボウルに入れて泡立て器でほぐし、やわらかくする
・オーブンを180℃に予熱する

1
型の底面と側面に合わせてクッキングシートを切り、型に敷く。

point 側面は型の高さより1cm程高めにする。

2
生地用のビターチョコレートを耐熱ボウルに入れ、600Wの電子レンジで30秒×2〜3回温める。泡立て器で混ぜ溶かし、卵黄3個を加え、なめらかになるまで混ぜる。やわらかくしたバターのボウルに入れ、よく混ぜる。

3
卵白に生地用のグラニュー糖を加え、軽くなじませたらハンドミキサーの高速で3分、中速で1分泡立てる。ボウルを傾けても動かないかたさになればOK。

067

4 2に3のメレンゲをゴムベラで少量とり、均一になるまで混ぜる。

5 3に4を戻し入れ、ゴムベラで底を返すようにして、均一になるまでしっかり混ぜる。

6 薄力粉をふるい入れ、ゴムベラで底から返すようにして、粉っぽさがなくなるまで混ぜる。

 point 混ぜすぎるということはないので、しっかり混ぜる。

7 型に流し入れたら、台に数回打ちつけて平らにする。天板にのせて170℃のオーブンで45分焼く。焼き上がったら、粗熱をとる。

8 焼き目をナイフでスライスして取り除く。半分の厚さにカットする。

9 表面に生地用のあんずジャムを塗り、もう一枚の生地でサンドする。型の底板にのせる。バットに安定感のあるコップを置き、その上に底板と一緒に生地をのせる。

10 鍋に【ジャムコーティング】の材料をすべて入れ、ゴムベラで混ぜながら7分程煮込む。沸騰後、泡が小さくなり、ジャムが鍋にはりつくくらいの粘度になればOK。

11 10が熱々のまま、9に上からたっぷりかける。パレットナイフでまんべんなく広げる。

12 底面にも広げ、余計なジャムをはらう。底板をはずし、ケーキクーラーにのせる。室温のまま2時間程、完全に乾かす。

Part.2　チョコレートの焼き菓子

13

[ザッハコーティング]用の水とグラニュー糖を順に鍋に入れ、中火にかける。鍋をゆすりながらグラニュー糖が溶けて沸くまで1〜2分加熱し、ビターチョコレートを加える。

14

108℃になるまで煮詰めたら、ゴムベラで少量取り出す。

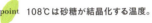
point　108℃は砂糖が結晶化する温度。

15

裏返したバットにゴムベラで14を少量たらし、冷めて固まるまでパレットナイフで左右に動かして練る。

16

グラニュー糖がマットで、結晶化してシャリシャリとした質感になればOK。

17

16を14に戻し入れ、ゴムベラで全体をよく混ぜる。細かい結晶ができ、全体的にツヤのないマットな質感になる。

point　本格的なザッハトルテならではのシャリシャリとした食感になる。

18

12の生地をケーキクーラーごとバットの上に置く。17を生地の上から一気にかける。バットごと台に数回打ちつけるようにして、余分なチョコレートを落とす。

19

パレットナイフで上面をならし、続いて側面もならす。室温のまま30分程乾かす。

20

[お好みトッピング]100g程のビターチョコレート(分量外)を600Wの電子レンジで30秒を4回程に分けて温め溶かし、絞り袋に入れる。丸く絞り、冷凍庫で冷やしておいたシーリングスタンプを押し、19が固まる前にのせる。

Chocolate memo

シャリシャリ食感ができれば満点！

チョコレートのシャリシャリした食感こそ、本格的なザッハトルテの証。グラニュー糖を結晶化させるひと手間で、プロの味を家でも再現することができます。また、あんずジャムとコーティングしたチョコレートをしっかり乾かすのが成功の秘訣です。

ブッシュ・ド・ノエル

オーブンもケーキ型も不要！
クリスマスに欠かせない人気ケーキは
レンジで超お手軽に作りましょう。

Part.2 チョコレートの焼き菓子

材料	(4人分)

[チョコスポンジ生地]
卵 ···· 1個
グラニュー糖 ···· 30g
薄力粉 ···· 25g
ココアパウダー ···· 5g
生クリーム ···· 20g

[チョコクリーム]
ミルクチョコレート ···· 70g
水あめ ···· 15g
生クリーム ···· 180g

仕上げ用ココアパウダー ···· 適量(約30g)

下準備
・卵を常温に戻す
・薄力粉、ココアパウダーを順にふるいに入れて、3回ふるっておく

生地を泡立てるボウルは直径18cm程度が◎

この生地は卵1個だけで泡立てるので、ボウルが大きすぎると泡立てが不安定に。そのため、直径18cm程度のボウルを使うのがおすすめです。また、湯煎はせずに冷たいまま泡立てること。泡立てすぎるということはないので、ハンドミキサーでしっかり泡立てましょう。

1

耐熱ボウルにチョコクリーム用のミルクチョコレートと水あめ、生クリーム半量を入れ、ラップをして600Wの電子レンジで1分温める。泡立て器で混ぜ、残りの生クリームを加えて混ぜる。冷蔵庫で3時間以上、完全に冷やす。

2

別のボウルに卵とグラニュー糖を入れ、ハンドミキサーで泡立てる。高速で泡立てたあと、中速で泡を細かく均等にするとキメが細かくなる。

3

ふるっておいた粉類を加える。2でしっかり泡立てているので、粉を入れても、生地の中に沈まない。

4

ゴムベラで底から返すようにして、粉っぽさがなくなるまで混ぜる。

5

生クリームを小さい耐熱ボウルに入れ、ラップをして600Wの電子レンジで20秒温める。4を少量加えてよく混ぜる。

6

5を4のボウルに戻し入れ、ゴムベラで底を返すようにして、均一になるまでしっかり混ぜる。

7

クッキングシートを敷いた耐熱の角型容器（14×20cm程度）に流し入れる。台に数回打ちつけて生地を平らにしたら、ラップをして200Wの電子レンジで6分加熱する。

8

7を容器からはずし、クッキングシートをはがす。粗熱がとれたら、1cmの角棒にナイフをあてながら生地を2枚にスライスする。

9

左は焼き目を上面に、右はスライスした断面を上面に置いた状態（右の方がやや小さい）。

10

1を泡立て器で角が立つくらいのかたさに泡立て、9の向きのまま2枚とも50gずつ表面にスプーンで塗る。

 point 右の生地は中に巻くから、穴が開いても全然OK！

11

9、10で右にあるやや小さい方の生地を端からクルクル巻く。

12

11をもう一枚の生地の中央に、方向を合わせて置く。

13

二重になるようにクルクル巻く。

14

ラップで全体を包み、冷蔵庫で30分程冷やし固める。残りのチョコクリームも冷蔵庫に入れておく。

15

ラップをはがし、切り株にする分を端から厚さ4cm程カットする。切り株をのせる部分にクリームを塗り、上に断面がくるようにのせる。

Part.2 | チョコレートの焼き菓子

16

切り株をおおうようにスプーンでクリームを塗ったら、生地全体に厚めにざっくりと塗り広げていく。

 point クリームは雑に塗ってOK！スプーンの裏側を使うと塗りやすい。

17

切り株の部分は縦に、その他は横向きに、木に見立ててフォークで線を入れていく。

 point フォークの先で適当にサッサッと線を引けばOK！

18

切り株の表面にかからないように、ココアパウダーを茶こしでふる。お好みでクリスマスのチャームやベリー、いちごなどをトッピングする。

073

オペラ

家で作れる本格オペラが登場！
チョコレートケーキの王様と呼ばれる
贅沢な味わいにぜひトライしてみましょう。

Part.2 | チョコレートの焼き菓子

Chocolate memo

工程を丁寧に追えばうまくいく

最大のポイントは、たくさんある工程をひとつひとつ丁寧に行うこと。特に、コーヒーシロップは味わいの決め手。量が多く、生地になかなか入っていきませんが、必ず指定の量を都度染み込ませましょう。ジューシーでしっとりとした、最高のオペラに仕上がります。

[材料]（18×7×高さ5cmセルクル1台分）

[アーモンド生地]
薄力粉 …… 15g
ココアパウダー …… 5g
卵 …… 2個
グラニュー糖 …… 60g
アーモンドパウダー …… 60g
無塩バター …… 15g
卵白 …… 2個
メレンゲ用グラニュー糖 …… 20g

[ガナッシュ]
ビターチョコレート …… 40g
生クリーム …… 50g

[コーヒーシロップ]
水 …… 80g
グラニュー糖 …… 60g
インスタントコーヒー …… 15g

[バタークリーム]
水 …… 20g
インスタントコーヒー …… 5g
グラニュー糖 …… 60g
卵黄 …… 1個
無塩バター …… 80g

底に塗るビターチョコレート …… 10g

[下準備]
・卵を常温に戻す
・薄力粉、ココアパウダーを順にふるいに入れて、3回ふるっておく
・バタークリーム用の無塩バターを常温にしたら、ゴムベラで軽くなじませてやわらかくする
・オーブンを220度に予熱する

1

27cmスクエア型にクッキングシートを敷く（敷き方はP.16参照）。

2

まずアーモンド生地を作っていく。ボウルに卵、グラニュー糖、アーモンドパウダーを入れ、泡立て器で混ぜる。卵をほぐし中央部分から混ぜていく。全体が均一になればOK。

3

卵白にグラニュー糖を一気に加え、ハンドミキサーで泡立てる。手で軽くなじませたら高速で3〜4分、仕上げに中速で軽く泡立ててキメを整える。ボウルを傾けても動かないかたさになればOK。

4

2にふるっておいた粉類を加える。ゴムベラで底からすくい上げるようにして、均一になるまで混ぜる。

5

3のメレンゲを少量加えて、ゴムベラで底からすくい上げるように混ぜる。均一になったら残りのメレンゲも入れて、同様に混ぜる。

6

50℃以上の熱々の溶かしバターに5を少量加え、よく混ぜ合わせる。これをもとの生地に戻し、底からすくい上げるようにしてよく混ぜる。

 point 耐熱容器に無塩バターを入れ、ラップをして600Wの電子レンジで30秒加熱する。

Part.**2** チョコレートの焼き菓子

7 | 1の型に生地を流し入れる。カードで四隅に流し入れ、表面を一方向に動かしながら平らにする。210℃のオーブンで13分程焼く。

8 | 粗熱が冷めたら、裏返してクッキングシートをはがす。生地の上にセルクルをあて、セルクルの内側をカッターのようにナイフを1周動かして4枚分カットする。

9 | 底に塗る用のビターチョコレートを600Wの電子レンジで30秒×2回温め、溶かす。底にする生地1枚の焼き目に刷毛で塗る。

 point　チョコレートが固まることで、あとで塗るシロップの染み出しを防いでくれる。

10 | バタークリームを作る。水とインスタントコーヒーを泡立て器で混ぜたら、グラニュー糖を加え、混ぜる。さらに卵黄を加え、均一になるまで混ぜる。

11 | 80℃のお湯を入れた耐熱ボウルに10を重ね、湯煎のままハンドミキサーで5分程泡立てる。

12 | バタークリーム用のやわらかくしておいた無塩バターに11を少量加える。均一になるまで泡立て器でよく混ぜる。これを何度かくり返し、全部混ぜ合わせる。

13 | 最後に混ぜ残しがないようゴムベラでボウルの底をすくい、なめらかなクリーム状にする。両目口金をつけた絞り袋に入れておく。

 point　平たい口金なら何でもOK！

14 | コーヒーシロップを作る。すべての材料を耐熱ボウルに入れ、ラップをしたら600Wの電子レンジで1分温める。コーヒーが溶けるまで泡立て器でよく混ぜる。

15 | 9をチョコを塗った面を下にしてセルクルの中に入れる。14を刷毛で表面に35g染み込ませる。その上に13を横に1本ずつ（80g分）全面に絞る。

077

16

8の生地3枚にフォークで表面に穴をあける。

 point　コーヒーシロップがたっぷり染み込むようにする。底の生地(9)は染み出さないよう、穴はあけない。

17

ガナッシュを作る。すべての材料を耐熱ボウルに入れ、ラップをしたら600Wの電子レンジで1分半温め、泡立て器でよく混ぜる。11mmの丸口金をつけた絞り袋に入れる。

 point　ガナッシュは使う直前に溶かさないと、固まってしまうので注意。

18

焼き目を下にして生地を1枚重ね、手で上から押して密着させる。15の要領で35gのシロップを染み込ませ、60gのガナッシュを写真のように絞る。スプーンの裏側を使って、平らに広げる。

19

18の要領で生地を重ね入れ、35gのシロップを染み込ませたら、50gのバタークリームを15と同様に絞る。最後の生地も同様に、35gのシロップを染み込ませる。

20

残りのバタークリームを絞り、パレットナイフですり切り、平らにする。冷蔵庫で30分冷やし固める。残ったガナッシュは、耐熱ボウルに移しておく。

21

セルクルと生地の間にナイフをさし込み、一周スーッとナイフを入れて生地をはがす。

22

セルクルを両手で持ち、2mm程度そっと上にずらす。20で耐熱ボウルに移したガナッシュをラップをして600Wの電子レンジで10秒×2回温め、混ぜる。

23

なめらかにしたガナッシュを22の高さ2mmの部分に流し入れる。パレットナイフで表面をすり切り、平らにしたら冷蔵庫で30分以上冷やす。

24

下に別の型を置き、その上に23をのせる。ゆっくりとセルクルを下にずらして、外す。カットして完成！あれば金箔をトッピングする。

 point　ナイフを温めるとカットしやすい。

Part.3
チョコレートの冷たいお菓子

温度の扱いに何かと気をつかうチョコレートですが、
ここで紹介するレシピなら、冷たいお菓子だってラクラク。
材料も手順も少ないから、どなたでも気軽に作ることができます。
アイスはもちろん、ゼリーやプリン、ムースだって、
濃厚でリッチなチョコレート味に仕上げましょう。

チョコアイス

材料3つ・卵不使用！
混ぜて冷やすだけで、濃厚でリッチなアイスが
気軽に楽しめます。なめらかな口どけに感動です。

Chocolate ice cream

Part.3 | チョコレートの冷たいお菓子

| 材料 | （4人分） |

ビターチョコレート‥‥80g
練乳‥‥60g
生クリーム‥‥200g
刻む用のビターチョコレート‥‥40g

| 下準備 |

・ビターチョコレートを粗めに刻む

1
耐熱ボウルにビターチョコレートと練乳と生クリーム70gを入れ、ラップをして600Wの電子レンジで90秒温める。溶け残りがないように、泡立て器でよく混ぜる。

2
別のボウルに残りの生クリームを入れ、ハンドミキサーでボソボソになるくらいかために泡立てる。

3
ほんのり温かい**1**を**2**に一気に加え、泡立て器で軽く混ぜる。ゴムベラで底から返すように混ぜて均一にする。

4
刻んだビターチョコレートを30g加えて、軽く混ぜる。

5
型に流し入れ、残りの刻んだビターチョコレートを散らす。冷凍庫で3時間以上冷やし固める。

ふわっとした食感は生クリームにアリ

2で生クリームをしっかり泡立てておくと、ふわっとした口どけのよいアイスになります。ボウルにラップをかけて泡立てると、飛び散り防止に！

081

チョコムース

程よいふわふわ感がクセになる濃密で
口どけ豊かなムース。
チョコレートの深いおいしさが味わえます。

Part.3 | チョコレートの冷たいお菓子

| 材料 | （約4個分） |

ビターチョコレート …… 180g
生クリーム …… 400g
仕上げ用のビターチョコレート …… 20g

Chocolate memo

**手早く、素早く！
チョコが温かいうちに**

1で溶かしたチョコレートが冷めるとどんどん固まってきてしまいます。生クリームを泡立てたら手早く混ぜ、型に流し入れて冷やす！この一連の流れを素早く行いましょう。なお、ムース生地の温度が30℃だと口あたりがよく、濃厚で、すのないムースに仕上がります。

1

耐熱ボウルにビターチョコレートと生クリーム200gを入れ、ラップをして600Wの電子レンジで1分温める。溶け残りがないように、泡立て器でよく混ぜる。

2

別のボウルに残りの生クリームを入れ、ハンドミキサーで角が立たないくらいゆるめに泡立てる。

 point 六分立て程で、絞れないくらいのかたさが◎。

3

1が温かいうちに2に一気に加え、泡立て器で軽く混ぜる。

4

ゴムベラで底から返すように混ぜて均一にする。

5

グラスに流し入れ、冷蔵庫で1時間以上冷やし固める。

6

固まったらグラインダーで仕上げ用のチョコレートを削る。

083

チョコプリン

カラメル × ビターチョコレートの
ほどよい苦みが心地いい大人のプリン。
しっかり冷やしてから召し上がれ。

| 材料 | （プリンカップ4個分） |

ビターチョコレート‥‥100g
生クリーム‥‥100g
牛乳‥‥250g
卵‥‥3個
グラニュー糖‥‥40g
カラメルソース用のグラニュー糖‥‥50g
水‥‥30g

| 下準備 |

・卵を常温に戻す
・オーブンを160℃に予熱する

Chocolate pudding

Part.3 チョコレートの冷たいお菓子

1
カラメルソース用のグラニュー糖を鍋に入れ、ゆすって鍋に広げる。鍋底全体に火があたるよう加熱する。鍋を回しながら溶かし、茶色に色づき泡がでてきたら、火を止めて水を入れる。

2
ゴムベラで全体を混ぜたら、再び火をつける。混ぜながらネチネチとろ〜りとしてきたら、プリンカップ4個に、均等になるようスプーンで流し入れておく。

3
耐熱ボウルにビターチョコレートと生クリームを入れ、ラップをして600Wの電子レンジで1分温め、泡立て器で溶け残しがないよう混ぜる。

4
卵1個とグラニュー糖を加え、サラッとなるまで泡立て器で混ぜる。残りの卵も加えて、なめらかになるまでよく混ぜる。

point　最初は分離するが気にしない。すべての卵が混ぜ終わったら乳化されている。

5
別の耐熱ボウルに牛乳を入れ、ラップを二重にかけたら600Wの電子レンジで4分温め、4に加える。泡立て器で均一になるまで混ぜ、底に混ぜ残しがないようゴムベラですくう。

6
裏ごしして、注ぎ口のある容器に入れる。

point　裏ごしすることで生地がさらに混ざり合い、なめらかな口あたりになる。

7
カラメルが入ったプリンカップに8分目まで流し入れる。

point　生地を入れた容器にキッチンペーパーを入れて、アクを吸着させる。

8
アルミホイルでぴったりとふたをしたら、天板にのせる。天板に1cm程の水を張り、150℃のオーブンで30分湯煎焼きする。粗熱がとれたら冷蔵庫で冷やす。

Chocolate memo

カラメルはネチネチとろりがサイン

器の裏など水平なところにカラメルをスプーンで少量のせ、器を傾けたら雫のようにゆっくりと流れる状態が◎。とろりと流れたカラメルをスプーンで押すと、ネチネチした感触があるはず。

クリームブリュレ

クリーミーで口どけのよい生地と
パリッとしたカラメルが絶妙。
バーナーがなくてもおいしくできます。

材料 （約4個分）

ビターチョコレート ···· 100g
生クリーム ···· 150g
牛乳 ···· 200g
卵黄 ···· 4個
グラニュー糖 ···· 30g
カラメル用のグラニュー糖 ···· 50g

下準備

・卵黄を常温に戻す
・オーブンを150℃に予熱する

Part.3 | チョコレートの冷たいお菓子

1
耐熱ボウルにビターチョコレート、生クリーム、牛乳を入れ、ラップをして600Wの電子レンジで3分温め沸かす。泡立て器で溶け残りがないよう混ぜる。

2
別のボウルに卵黄とグラニュー糖を入れ、泡立て器で全体を混ぜる。1を加えて、均一になるまで混ぜる。

3
混ぜ残しがないようゴムベラで底からすくう。

4
裏ごしして、注ぎ口のある容器に入れる。

 point 裏ごしすることで液体が一体化し、余分なものも取り除ける。

5
高さ3.5cmくらいの耐熱容器に、8分目まで注ぎ入れる。

 point 4で生地を入れた容器にキッチンペーパーを入れて、アクを吸着させる。

6
天板にバットを重ね、器を4つとものせる。天板に1cm程の水を張り、140℃のオーブンで25分湯煎焼きする。粗熱がとれたら冷蔵庫で2時間以上冷やす。

7
表面にグラニュー糖をまんべんなくまぶし、不要な分ははらい落す。

 point 生地の表面に薄くグラニュー糖をまぶすことで、パリッとした食感ができる。

8
作業台が焦げないよう、バットなどを台にして7をのせる。バーナーを動かしながら先端の火で表面を均一に炙り、焦がす。7〜8を2〜3回繰り返す。粗熱がとれたら、冷蔵庫で冷やす。

 point 薄くまぶしたグラニュー糖を数回に分けて焦がすことでパリパリ感アップ！

Chocolate memo

鍋でカラメルを作ってもOK

バーナーがなければ、グラニュー糖を鍋で焦がしてカラメルを作り、熱々のまま7にかけます。すぐに固まるので、かけたら器を回して全面に広げること。厚みのあるカラメルができます。

チョコゼリー

つるんとした食感でさわやか。
チョコレートが濃厚なのに甘さ控えめで
いくらでも食べられそう！

Chocolate jelly

Part.3 チョコレートの冷たいお菓子

材料	（約4個分）

牛乳 …… 480g
ビターチョコレート …… 120g
はちみつ …… 30g
粉ゼラチン …… 8g

しっかり温めて冷やす！

材料を工程1でしっかり沸かしゼラチンを溶かしたら、工程3で冷やしながら混ぜることが大事なポイント。これをすることで、つるんとしたなめらかな食感になります。なお、ゼラチンは顆粒状のものを使うと、扱いやすくて便利です。

1

耐熱ボウルに牛乳200g、ビターチョコレート、はちみつを入れ、ラップをして600Wの電子レンジで3分温め、沸かす。ゼラチンを振り入れ、泡立て器でしっかり混ぜる。

2

ゼラチンがしっかりと溶けて、ツヤのあるなめらかな状態になったら、残りの冷たい牛乳を加える。

 1はゼラチンを溶かすための加熱なので、冷たい牛乳で早く生地を冷やす。

3

氷水を張ったボウルに当てながら、ゴムベラで混ぜ残しがないよう全体をしっかり混ぜる。

4

手の甲に1滴たらして、冷たく感じるまで冷やしたら（人肌より冷たくなればOK）、裏ごしして注ぎ口のある容器に入れる。

 裏ごしすることで、生地がさらに混ざり、なめらかな口あたりになる。

5

カップに4等分して、流し入れる。乾燥しないようラップをして、冷蔵庫で1時間程度冷やす。

6

カップと生地の間にナイフを入れ、すき間を作って空気を入れる。皿の上にカップをのせ、軽く揺すると自然とカップからはずれる。お好みで生クリーム（分量外）をかけてもおいしい。

089

チョコチーズタルト

生地はサクサク、タルトの中はトロッ！
風味豊かな卵黄と香ばしいチョコレートが
贅沢なお味。感動のおいしさを堪能できます。

Chocolate cheese tart

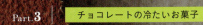

Part.3 | チョコレートの冷たいお菓子

チョコレアチーズケーキ

サクサクと食べ応えのある土台と
まさにレアなチーズ生地のコントラストが絶妙。
しっかり冷やしてから味わってください。

Chocolate no-bake cheese cake

チョコチーズタルト

材料 （直径18cmタルト型1台分）

[チョコチーズクリーム]
- 卵黄 …… 2個
- グラニュー糖 …… 40g
- 薄力粉 …… 10g
- 牛乳 …… 250g
- クリームチーズ …… 200g
- ビターチョコレート …… 40g

[タルト土台]
- クッキー …… 100g
- ビターチョコレート …… 60g

下準備
- 卵黄とクリームチーズを常温に戻す
- オーブンを200℃に予熱する

1 クッキーをジッパー付きのポリ袋に入れる。口を少し開けてとじたら、めん棒でパウダー状になるまで細かく砕く。

2 土台用のビターチョコレートを耐熱ボウルに入れ、ラップをしたら600Wの電子レンジで30秒×2回温め、泡立て器で混ぜ溶かす。1に流し入れ、手でよくもみ、クッキーにコーティングさせる。

3 型に入れ、底が平らなコップで真ん中を押し広げながら、クッキーを全面に広げる。縁に上がってきたクッキーを側面に押しつけながら、縁から出ないよう親指で上を押さえる。

4 型にクッキーを敷いたら、工程11まで冷凍庫で冷やしておく。次に、チョコチーズクリームのベースとなるカスタードクリームを作っていく。

5 耐熱ボウルに卵黄とグラニュー糖を入れ、泡立て器で混ぜる。薄力粉をふるい入れ、粉っぽさがなくなるまで混ぜる。

6 冷たい牛乳を一気に加えて、全体が混ざるまで泡立て器でしっかり混ぜる。

Part.3 | チョコレートの冷たいお菓子

7

ラップをして600Wの電子レンジで30秒×7回加熱し、都度均一になるまで泡立て器で混ぜる。写真は、5回目のレンジで温めた状態。

8

7回目の加熱が終わったら、なめらかになるまで泡立て器でしっかり混ぜる。

9

常温にしておいたクリームチーズとビターチョコレートを加え、余熱で溶かしながら泡立て器で混ぜる。

10

均一でなめらかな状態になればOK。

11

4の土台を冷凍庫から出し、10を流し入れる。冷凍庫に30分以上入れて冷やす。

 ここで冷凍庫に入れておくと、表面が乾燥して12を行うことで香ばしく仕上がる。

12

分量外の卵黄と牛乳を混ぜたものを、生地の表面に刷毛で縁までしっかり塗る。190℃のオーブンで25〜30分焼き、焼き色をつける。

Chocolate memo

レンジカスタードは回数を守って

なめらかなカスタードクリームは、レンジで加熱し混ぜるだけで完成！ただし、レシピの通り「600Wで7回加熱&混ぜる」をしっかり守ること。また、卵黄と牛乳を溶いたものを表面に塗るひと手間で香ばしさが増し、おいしさをグンと格上げしてくれます。

チョコレアチーズケーキ

材料（直径15cm丸型1台分）

クリームチーズ‥‥200g
ミルクチョコレート‥‥150g
生クリーム‥‥200g
仕上げ用ココアパウダー‥‥適量(約10g)
[タルト土台]
クッキー‥‥80g
ミルクチョコレート‥‥50g

下準備

- クッキングシートを型の大きさに合わせてカットし、側面と底面に敷く
- クリームチーズを常温にしたら、ボウルに入れゴムベラでやわらかくなじませておく

1. P.92の工程1〜2の要領で、土台のタルト生地を作る。型に入れ、底が平らなコップで底面に敷き詰める。冷凍庫で冷やしておく。

2. 耐熱ボウルにミルクチョコレートと生クリームの半量を入れ、ラップをして600Wの電子レンジで1分半温める。泡立て器で溶け残りがないように混ぜる。

3. 残りの生クリームを別のボウルに入れ、ハンドミキサーでボソボソになるほどかために（十分立てくらい）泡立てる。

4. やわらかくしておいたクリームチーズに2を加え、泡立て器でなめらかになるまで混ぜる。

5. 3に4を少量入れ、よく混ぜる。

6. 残りの4をすべて入れ、ゴムベラで底から返すようにして全体を混ぜる。

7. 1に流し入れ、冷蔵庫で3時間以上、しっかり冷やす。固まったら型を外し、仕上げにココアパウダーを茶こしでふる。

Chocolate memo

クリームチーズはやわらかくしておく

カチカチとかたいクリームチーズのままでは、溶かしたチョコレートと混ざりません。しっかりほぐしてやわらかくしておくことが肝心です！

Part.4
チョコレートドリンク

チョコレートは食べるだけではありません!
ドリンクでも最高のおいしさを楽しんでください。
寒い日にほっと一息つきたいとき、温かくて
ほんのり甘いチョコレートの一杯が染みわたります。
気分によって、茶葉やオレンジ、シナモンを入れてアレンジするのもいかが?
暑い日なら、スムージーやハイボールにして
清涼感あふれるチョコレートを満喫しましょう。

ホットショコラ
ショコラノワール

ほんのり甘く、ほっと染みわたるおいしさ。
甘めがお好みなら、ミルクチョコレートを使っても
ミックスして入れても、お好みでアレンジOK！

材料	（2人分）

牛乳 ···· 250g
ビターチョコレート ···· 50g
生クリーム ···· 50g

Part.4 | チョコレートドリンク

1/

耐熱ボウルにビターチョコレートと生クリームを入れ、ラップをして600Wの電子レンジで1分温める。

2/

溶け残りがないように、泡立て器でよく混ぜてガナッシュにする。

3/

牛乳を別の耐熱容器に入れ、二重にラップをして600Wの電子レンジで2分温める。2に注ぎ、均一になるまで泡立て器で混ぜる。

4/

茶こしで裏ごしして注ぎ口のある容器に入れてから、カップに注ぎ入れる。

 point 裏ごしして直接マグカップに注ぎ入れてもOK！

Chocolate memo

まずはガナッシュを作るべし

チョコレートと牛乳をそのまま一緒にレンジで加熱すると、ダマになってしまいます。そのため、まずはガナッシュを作ってから、牛乳を加えて沸かすのがポイント。裏ごしをして、さらにダマを防ぎます。

097

ホットショコラ
ミルクティー

ホットショコラ
オレンジ

ホットショコラ
シナモン

Hot chocolat / milk tea, orange, cinnamon

Part.4 チョコレートドリンク

ホットショコラ オレンジ

芳醇なチョコレートの中にフレッシュな
オレンジの風味がさわやか。
いつまでも余韻に浸れるおいしさです。

材料 （2人分）

牛乳 …… 250g
ビターチョコレート …… 25g
ミルクチョコレート …… 35g
生クリーム …… 40g
オレンジの皮 …… 1個分

1

P.97の工程1〜2の要領で、ミルクチョコレートも入れガナッシュを作る。別の耐熱容器に牛乳を入れ、グラインダーでオレンジの皮を削り入れる。

2

二重にラップをして600Wの電子レンジで2分温め、3分蒸らす。1のガナッシュに注ぎ、泡立て器で均一になるまで混ぜる。裏ごしして温めておいたカップに注ぐ。

ホットショコラ ミルクティー

茶葉は、アッサムなど
お好みのものでも◎。香りのよい
茶葉を使うのがおすすめです。

材料 （2人分）

牛乳 …… 250g
ビターチョコレート …… 25g
ミルクチョコレート …… 25g
生クリーム …… 40g
アールグレイ茶葉 …… 3g

1

P.97の工程1〜2の要領で、ミルクチョコレートも入れてガナッシュを作る。別の耐熱容器に牛乳を入れて茶葉を加え、二重にラップをして600Wの電子レンジで3分温めて、2分蒸らす。

2

茶こしで裏ごしして1のガナッシュに注ぎ入れ、均一になるまで混ぜる。裏ごしして温めておいたカップに注ぐ。

ホットショコラ シナモン

チョコレート×シナモンがベストマッチ！
作る最中からシナモンの
豊かな香りが沸き立ちます。

材料 （2人分）

牛乳 …… 250g
ビターチョコレート …… 10g
ミルクチョコレート …… 40g
生クリーム …… 50g
シナモンスティック …… 1本
シナモンパウダー …… 0.1g（一振り）

1

P.97の工程1〜2の要領で、ミルクチョコレートも入れてガナッシュを作る。シナモンスティックをめん棒で縦に割り砕く。

2

別の耐熱容器に牛乳を入れてシナモンを加え、二重にラップをして600Wの電子レンジで2分温めて沸かす。茶こしで裏ごしして1のガナッシュに注ぎ、均一になるまで混ぜる。裏ごしして温めておいたカップに注ぐ。仕上げに、シナモンパウダーを一振りする。

スムージー
リッチショコラ

「おいし〜い！」飲んだあとはこの一言に尽きます。
スッキリとした喉ごしで芳醇なチョコレートを楽しめる
贅沢な夏の味わいです。

Smoothie rich chocolat

Part.**4** チョコレートドリンク

カカオハイボール

ウイスキーにカカオの風味が加わり、
ほんのり甘く、飲みやすい一杯に仕上がりました。
レモンを搾れば、さらにさわやかな飲み心地に。

Cacao highball

スムージー リッチショコラ

| 材料 | （2人分） |

ビターチョコレート‥‥100g
生クリーム‥‥60g
牛乳‥‥120g
バニラアイス または
チョコアイス‥‥100g
氷‥‥120g
〈お好みで〉
P.30「チョコソース」‥‥20g
ビターチョコレート（刻む）‥‥50g

1/ 耐熱ボウルにビターチョコレートと生クリームを入れ、600Wの電子レンジで1分半温める。溶け残りがないように、泡立て器でよく混ぜてガナッシュにする。

2/ ミキサーに1、牛乳、アイス、氷を入れ、一気にかくはんする。

3/ 全体が均一になればOK！

4/ お好みでグラスにチョコソースでデコレーションし、3を注ぐ。刻んだビターチョコレートを入れる。

カカオハイボール

| 材料 | （7杯分／140g） |

[カカオシロップ]
カカオニブ‥‥30g
グラニュー糖‥‥100g
水‥‥100g

[組み立て]
氷‥‥6個
カカオシロップ‥‥20g
ウイスキー‥‥30g
炭酸‥‥130g
レモン‥‥10g（1/8カット）

1/ 耐熱ボウルにカカオニブ、グラニュー糖、水を入れ、600Wの電子レンジで2分温め、沸かす。

2/ ラップを密着させるようにかけ、一晩冷蔵庫で漬け込む。茶こしで裏ごししながら氷を入れたグラスに20g入れる。炭酸、ウイスキー、レモンの順に加え、軽く混ぜる。残ったシロップは冷蔵庫で保存可能。

Part.5

超上級編！

ボンボンショコラ

ショコラティエの感性と高い技術が創りあげる、
珠玉のボンボンショコラ。その美しさとおいしさはまさに芸術的といえるでしょう。
ここでは、プロのワザを詰め込んだボンボンショコラのレシピを特別大公開！
チョコレートの扱いに慣れてきたら、さらに一歩挑戦してみませんか。

ボンボンショコラ
バニラ

まろやかなホワイトチョコレートに
バニラの風味が相性抜群!
贅沢なおいしさを堪能してください。

Part.5 | ボンボンショコラ

ボンボンショコラ
プラリネ
美しいグリーンのコーティングが鮮やか。
香ばしいナッツの風味とザクザクとした
食感に魅了されます。

ボンボンショコラ
ベリーライチ
カリッとしたチョコレートの食感のあとに
ライチのさわやかさとフランボワーズの妖艶な味わいが
ガナッシュとともに広がります。

ボンボンショコラ
キャラメルオレンジ
芳醇なチョコレートの中にフレッシュな
オレンジの風味がさわやか。
いつまでも余韻に浸れるおいしさです。

Bonbon Chocolat / praline, berry lychee, caramel orange   105

ボンボンショコラ バニラ

材料	（80個分）

[ガナッシュ]
ホワイトチョコレート ···· 300g
カカオバター ···· 35g
生クリーム ···· 115g
トレモリン ···· 20g
無塩バター ···· 25g
バニラ（ウガンダ産）···· 2本

[コーティング用]
ビターチョコレート ···· 150g
カカオバター ···· 約10g

1. 白く着色したカカオバターを31℃に調温し20℃前後の型に模様を吹きつける。吹きつける際は0.3mm口径のエアスプレーを使用し、ランダムに模様がつくようにする。温度調整したビターチョコレートを型に流し、ひっくり返して余分なチョコレートを取りのぞいたら、冷蔵庫で固めておく 。

2. バニラのさやを縦に割り、中身をこそげとる。

3. ガナッシュを作る。耐熱容器にカカオバター、生クリーム、トレモリン、無塩バター、バニラを入れ、ラップをして600Wの電子レンジで温め沸かす。混ぜたら、5分蒸らす。

4. 再び600Wの電子レンジで1分加熱してバニラのさやごとミキサーにかけてなめらかにする。

5. ホワイトチョコレートを入れたボウルに4を注ぎ、ゴムベラで乳化されてなめらかになるまで、よく混ぜる。絞り袋に入れる。自然と温度が下がり30℃になったら、1の型の縁1mm下まで絞る。一晩、18℃前後の涼しい常温に置き、固める。

6. 1で残ったビターチョコレートを温度調整し5の上に流したら、OPPシートでふたをする。18℃前後の常温に24時間置き、固める。型をひっくり返して型から外す。

ボンボンショコラ ベリーライチ

材料	（40個分）

[ガナッシュ]
　生クリーム ···· 25g
　トレモリン ···· 15g
A ライチピューレ ···· 30g
　ミルクチョコレート ···· 150g
　無塩バター ···· 15g
　カカオバター ···· 2g
ライチリキュール ···· 5g

[コンフィ(180個)]
フランボワーズピューレ ···· 50g
フランボワーズホール ···· 50g
センガセンガナピューレ ···· 15g
水あめ ···· 20g
グラニュー糖 ···· 60g
レモン果汁 ···· 25g
寒天 ···· 8g
トレハロース ···· 25g

[コーティング用]
ビターチョコレート ···· 150g
カカオバター ···· 約10g

1. 黒とピンクと赤色にそれぞれ着色したカカオバターを31℃に調温し、20℃前後の型に0.3mm口径のエアスプレーで模様を吹きつける。黒は点々になるように、ピンクと赤色は全体に薄くグラデーションのように吹きつける。温度調整したビターチョコレートを型に流し、ひっくり返して余分なチョコレートを取りのぞいたら、冷蔵庫で固めておく。

2. コンフィを作る。寒天以外の材料を鍋に入れ、混ぜたら火にかける。ブリックス55以上に煮詰めて、寒天を加える。

3. 2を完全に冷ましたら、絞り袋に入れて1に少量ずつ絞る。

4. ガナッシュを作る。耐熱容器にAを入れ600Wの電子レンジで1分加熱する。泡立て器で混ぜたら、さらに1分加熱し全体を混ぜる。すべてが溶けてガナッシュになったら、ライチリキュールを加え、ゴムベラで混ぜ合わせる。

5. 4が自然と温度が下がり、30℃になったら3の型の縁1mm下まで絞る。一晩、18℃前後の涼しい常温に置き、固める。

6. 1で残ったビターチョコレートを温度調整し、5の上に流しOPPシートでふたをする。18℃前後の常温に24時間置き、固める。型をひっくり返して型から外す。

Part.5 | ボンボンショコラ

ボンボンショコラ プラリネ

| 材料 | （80個分） |

[プラリネ]
ヘーゼルナッツプラリネ …… 200g
カカオバター …… 40g
ミルクチョコレート …… 70g
フィヤンティーヌ …… 70g
ヘーゼルナッツペースト …… 115g

[コーティング用]
ミルクチョコレート …… 150g
カカオバター …… 約10g

1 白と緑にそれぞれ着色したカカオバターを31℃に調温し、20℃前後の型に0.3mm口径のエアスプレーで模様を吹きつける。最初に緑の模様をつけ、そのあと全体に白色を吹きつける。温度調整したミルクチョコレートを型に流し、ひっくり返して余分なチョコレートを取りのぞいたら、冷蔵庫で固めておく。

2 プラリネを作る。耐熱容器にミルクチョコレートとカカオバターを入れ600Wの電子レンジで30秒を4～5回に分けて温め溶かす。ゴムベラで混ぜ、残しがないように確認する。

3 2にヘーゼルナッツペーストとヘーゼルナッツプラリネ、フィヤンティーヌを加えゴムベラで混ぜる f 。自然と温度が下がり30℃になったら1の型の縁1mm下まで絞る。一晩、18℃前後の涼しい常温に置き、固める。

4 1で残ったミルクチョコレートを温度調整し、3の上に流しOPPシートでふたをする。18℃前後の常温に24時間置き、固める。型をひっくり返して型から外す。

ボンボンショコラ キャラメルオレンジ

| 材料 | （40個分） |

[ガナッシュ]
　キャラメルチョコレート …… 120g
　カカオバター …… 10g
A 生クリーム …… 80g
　トレモリン …… 18g
　無塩バター …… 7g
グランマルニエ …… 5g

[コンフィ（180個）]
パッションピューレ …… 40g
オレンジピューレ …… 5g
マンダリンピューレ …… 70g
水 …… 20g
水あめ …… 20g
グラニュー糖 …… 80g
レモン果汁 …… 10g
寒天 …… 8g

[コーティング用]
ミルクチョコレート …… 150g
カカオバター …… 約10g

1 オレンジ、黄色、黒にそれぞれ着色したカカオバターを31℃に調温し、20℃前後の型に0.3mm口径のエアスプレーで模様を吹きつける。黒で点々の模様をつけたら、黄色とオレンジ色でグラデーションになるように吹きつける。温度調整したミルクチョコレートを型に流し、ひっくり返して余分なチョコレートを取りのぞいたら、冷蔵庫で固めておく。

2 コンフィを作る。寒天以外の材料を鍋に入れ、混ぜたら火にかける。ブリックス55以上に煮詰めて、寒天を加える。

3 2を完全に冷ましたら、絞り袋に入れて1に少量ずつ絞る。

4 ガナッシュを作る。耐熱容器にAを入れ600Wの電子レンジで1分加熱する。泡立て器で混ぜたら、さらに1分加熱し全体を混ぜる。すべてが溶けてガナッシュになったら、グランマルニエを加え、ゴムベラで混ぜ合わせる。

5 4が自然と温度が下がり、30℃になったら3の型の縁1mm下まで絞る。一晩、18℃前後の涼しい常温に置き、固める。

6 1で残ったミルクチョコレートを温度調整し、5の上に流しOPPシートでふたをする。18℃前後の常温に24時間置き、固める。型をひっくり返して型から外す。

d

e

f

※すべて作りやすい分量です。型やお持ちの道具によって、作りやすい分量は異なります

プロのレシピに挑戦!?

DEL'IMMOのパフェ
レシピ大公開！

デリーモ

パティスリー＆カフェ デリーモの
スペシャリテといえば、
チョコレートのおいしさを凝縮させたパフェ。
アイスにクリーム、マカロン、ソース……と、
多彩なチョコレート菓子を集結させた
珠玉のレシピ「パフェ ショコラメゾン」を
特別に紹介します。
超上級編のスペシャリテレシピに、
挑戦してみませんか!?

パフェ ショコラメゾン

材料　（1人分）

- チョコレートソース‥‥10g
- クランブルカフェ‥‥30g
- コーヒージュレ‥‥60g
- ショコラクリーム‥‥20g
- ピペットショコラ‥‥20g
- ブラックベリー‥‥2粒
- コーヒーアイス‥‥60g
- ショコラアイス‥‥60g
- ショコラクリーム‥‥50g
- ブラックベリー‥‥1粒
- フワンボワーズ‥‥2粒
- チョコマカロン(P.56)‥‥1個
- マイクロハーブ‥‥3g
- チュイルカカオ‥‥30g
- ショコラパーツ‥‥10g
- 金箔‥‥0.5g

作り方

材料を上から順にグラスに入れ、
トッピングしていく。

チョコレートソース

材料

ビターチョコレート …… 200g
牛乳 …… 150g
生クリーム …… 50g

作り方

耐熱ボウルにすべての材料を入れ、ラップをして600Wの電子レンジで1分半温める。溶け残りがないよう泡立て器で混ぜる。

クランブルカフェ

材料

ミルクチョコレート …… 200g
パイ生地（市販/焼成済み）…… 200g
コーヒーパウダー …… 30g

作り方

耐熱ボウルにミルクチョコレートを入れ、ラップをして600Wの電子レンジで30秒×4〜5回温める。混ぜて溶かしたら砕いたパイ生地とコーヒーパウダーを加え混ぜる。バットなどに広げて冷まし、冷蔵庫で30分程固める。

コーヒージュレ

材料

水 …… 100g
コーヒー豆 …… 10g
グラニュー糖 …… 10g
寒天 …… 2g

作り方

コーヒー豆を粉砕し、水でドリップしてコーヒー液を抽出する。グラニュー糖を加え、沸くまで加熱したら、寒天を加えて冷蔵庫で3時間程固める。砕いてグラスに入れる。

ピペットショコラ

材料

ライスパフ …… 100g
ピュアブロンディ …… 150g

作り方

回転式チョコレートコーティング機器にライスパフを入れ、温度調整したピュアブロンディをコーティングしていく。すべての量がコーティングされたら、涼しい常温で保管する。

ショコラクリーム

材料

生クリームA …… 200g
水あめ …… 50g
ビターチョコレート …… 200g
生クリームB …… 400g

作り方

耐熱ボウルに生クリームAと水あめ、ビターチョコレートを入れ、ラップをして600Wの電子レンジで温める。混ぜて完全に溶かしたら、冷たい状態の生クリームBを加え混ぜる。冷蔵庫で一晩冷やし、翌日以降に泡立てて使う。

コーヒーアイス

材料

エスプレッソ …… 100g
牛乳 …… 500g
生クリーム …… 100g
卵黄 …… 80g
グラニュー糖 …… 150g

作り方

耐熱容器にエスプレッソ以外の材料を入れ、ラップをして600Wの電子レンジで1分×5〜6回加熱し、都度混ぜながら83度まで温める。加熱終わりにエスプレッソを加え、裏ごしする。氷水で冷やしたら、アイスクリームマシンに入れてアイスにする。

ショコラアイス

材料

ビターチョコレート …… 100g
牛乳 …… 400g
生クリーム …… 200g
卵黄 …… 100g
メイプルシュガー …… 50g

作り方

耐熱容器にビターチョコレートを入れ、600Wの電子レンジで30秒×3〜4回加熱し、泡立て器で混ぜて溶かす。残りの材料を加え混ぜたら、再度1分×5〜6回加熱し、都度混ぜながら83度まで温める。裏ごしして氷水で冷やしたら、アイスクリームマシンに入れてアイスにする。

チュイルカカオ

材料

グラニュー糖 …… 100g
無塩バター …… 60g
水 …… 10g
水あめ …… 50g
カカオニブ …… 50g
アーモンド（細かく刻む）…… 50g
コーヒーパウダー …… 10g

作り方

オーブンを190℃に予熱する。鍋にグラニュー糖、無塩バター、水、水あめを加熱して沸いたら、残りの材料を加える。クッキングシートに広げ、180℃のオーブンで20分程度、香ばしい色合いまで焼く。粗熱がとれたら適当な大きさに割って密閉容器に入れ、常温で保管する。
※乾燥材を入れれば、約1週間保存可能

ショコラパーツ

材料

ビターチョコレート …… 20g

作り方

1 テンパリングをしたビターチョコレートを縦15×横30cmのOPPシートに広げ、均一な厚さになるようのばす。表面が固まってきたら、素早く縦にランダムにナイフで切れ目を入れる。

2 シートのまま直径8cm程の筒状にクルクルと巻き、固まるまで常温で30分程度置いたのち、冷蔵庫で一晩保管する。チョコレートが崩れないようフィルムをはがす（チョコレートが固まると自然にはがれる）。

point チョコレートをシートからはがすと、シートに面した部分（カールの外側）にツヤが出て、面していない部分はマットに仕上がる。

Parfait chocolat maison

保存方法と食べ切りの目安

作ったお菓子はすぐに食べきるのがベスト。でも、食べきれなかったり、
焼き菓子のように少し時間をおいてから食感の違いを楽しみたいときもあるでしょう。
ここではレシピごとの保存方法と、食べ切りの目安を紹介します。

レシピ名：		保存方法：	保存後のおすすめの食べ方：	食べ切りの目安：
P018	生チョコ（ビター）	乾燥しないように密閉容器に入れて冷蔵	冷蔵庫から出したて、もしくは5分程度常温に出すとより香りが引き立つ	3、4日
P018	生チョコ（ホワイト）	乾燥しないように密閉容器に入れて冷蔵	冷蔵庫から出したて、もしくは5分程度常温に出すとより香りが引き立つ	3、4日
P020	トリュフ	乾燥しないように密閉容器に入れて冷蔵	冷蔵庫から出したて、もしくは5分程度常温に出すとより香りが引き立つ	3、4日
P022	クッキー（プレーン・ココア）	湿気を防ぎ密閉容器に入れて保存、乾燥材があればベスト	常温の状態で食べる	1週間程度
P024	チョコシフォンケーキ	乾燥しないようにラップで包んで常温保存	常温の状態で食べる、チョコソースをかけたりアイスを添えたり	2、3日
P027	チョコフルーツサンド	乾燥しないように密閉容器に入れて冷蔵	冷蔵庫から出したてを食べる	2、3日
P028	チョコフィナンシェ	密閉容器に入れて常温保存	常温で食べる、もしくは電子レンジで10秒ほど温めると香りが引き立つ	2、3日
P030	万能！チョコソース	冷蔵庫で保存	そのまま使用する、もしくは電子レンジで温かい状態にして使うとより香りが引き立つ、再冷蔵不可	2、3日
P032	ガトーショコラ	乾燥しないようにラップで包んで常温保存	常温で食べる、もしくは電子レンジで10秒ほど温めると香りが引き立つ	3、4日
P034	パウンドケーキ	乾燥しないようにラップで包んで常温保存	常温で食べる、もしくは電子レンジで10秒ほど温めると香りが引き立つ	3、4日
P036	マドレーヌ	密閉容器に入れて常温保存	常温で食べる、もしくは電子レンジで10秒ほど温めると香りが引き立つ	3、4日
P038	チョコマフィン	乾燥しないようにラップで包んで常温保存	常温で食べる、もしくは電子レンジで10秒ほど温めると香りが引き立つ	3、4日
P040	ブラウニー	乾燥しないようにラップで包んで常温保存	常温で食べる、もしくは電子レンジで10秒ほど温めると香りが引き立つ	3、4日
P042	テリーヌショコラ	乾燥しないようにラップで包むもしくは密閉容器で冷蔵	冷蔵庫から出したて、もしくは5分程度常温に出すとより香りが引き立つ	3、4日
P044	チョコチップスコーン	乾燥しないようにラップで包んで常温保存	常温で食べる、もしくは電子レンジで10秒ほどチョコが少し溶ける程度温めるクロテッドクリームやジャムをつけて食べる	3、4日
P046	生ドーナツ	クリームを入れたあとはなるべく早く食べる	そのままでき上がり次第食べる	当日中
P050	生チョコタルト	乾燥しないようにラップで包むもしくは密閉容器で冷蔵	冷蔵庫から出したてを食べる無糖のホイップクリームを添える	3、4日
P052	チョコレートカヌレ	乾燥しないようにラップで包むもしくは密閉容器で冷蔵	そのまま食べる	2、3日
P054	フォンダンショコラ	焼き上がり次第なるべく早く食べる	でき上がり次第食べる冷めたら電子レンジで10〜20秒程度温めるとおいしい	当日中
P056	チョコマカロン	ガナッシュをサンドしたら密閉容器に入れて冷蔵で保存	常温に戻してから食べると、より生地とクリームが一体化した食感が味わえる	2、3日
P058	生チョコケーキ	乾燥しないように密閉容器に入れて冷蔵	冷蔵状態で食べる	2、3日

レシピ名：		保存方法：	保存後のおすすめの食べ方：	食べ切りの目安：
P062	チョコシュークリーム	乾燥しないように密閉容器に入れて冷蔵	冷蔵状態で食べる	2、3日
P066	ザッハトルテ	常温で密閉容器で保存、食べる直前に冷蔵もしくはそのまま常温	保存状態の延長で食べる	2、3日
P070	ブッシュ・ド・ノエル	乾燥しないように密閉容器に入れて冷蔵	冷蔵状態で食べる	2、3日
P074	オペラ	乾燥しないように密閉容器に入れて冷蔵	冷蔵庫から出したて、もしくは5分程度常温に出すとバタークリームの口どけを感じるなめらかな食感	2、3日
P080	チョコアイス	乾燥しないように密閉容器に入れて冷蔵	冷凍状態で食べる、ソースをかけたりしてもおいしい	1週間程度
P082	チョコムース	乾燥しないようにラップをして容器ごと冷蔵	冷蔵状態で食べる	2、3日
P084	チョコプリン	乾燥しないようにラップをして容器ごと冷蔵	冷蔵状態で食べる	2、3日
P086	クリームブリュレ	乾燥しないようにラップをして容器ごと冷蔵　食べる直前に表面を焦がす	冷蔵状態で食べる	表面を焼いたら当日中（焼く前なら2、3日）
P088	チョコゼリー	乾燥しないように密閉容器に入れて冷蔵	冷蔵状態で食べる生クリームやチョコソースをかけて食べる	2、3日
P090	チョコチーズタルト	乾燥しないように密閉容器に入れて冷蔵	冷蔵状態で食べる	2、3日
P091	チョコレアチーズケーキ	乾燥しないように密閉容器に入れて冷蔵	冷蔵状態で食べる	2、3日
P096	ホットショコラショコラノワール	保存不可	温かいうちに飲む氷水で急冷すればアイスショコラになる	当日中
P098	ホットショコラオレンジ	保存不可	温かいうちに飲む氷水で急冷すればアイスショコラになる	当日中
P098	ホットショコラミルクティー	保存不可	温かいうちに飲む氷水で急冷すればアイスショコラになる	当日中
P098	ホットショコラシナモン	保存不可	温かいうちに飲む氷水で急冷すればアイスショコラになる	当日中
P100	スムージーリッチショコラ	保存不可	作りたてが一番おいしい	当日中
P101	カカオハイボール（カカオシロップ）	蓋のできる容器に入れて1週間冷蔵保管可能	カカオニブは裏ごしして使う裏ごししたカカオニブ自体はお菓子に使用可能	当日中
P104	ボンボンショコラバニラ	温度差のない環境で密閉保存	冷蔵の状態もしくは常温に10分程度出して体温に近い状態にしてから食べると香りがより引き立つ	冷蔵庫もしくは20度程度の場所で1週間
P105	ボンボンショコラプラリネ	温度差のない環境で密閉保存	冷蔵の状態もしくは常温に10分程度出して体温に近い状態にしてから食べると香りがより引き立つ	冷蔵庫もしくは20度程度の場所で1週間
P105	ボンボンショコラベリーライチ	温度差のない環境で密閉保存	冷蔵の状態もしくは常温に10分程度出して体温に近い状態にしてから食べると香りがより引き立つ	冷蔵庫もしくは20度程度の場所で1週間
P105	ボンボンショコラキャラメルオレンジ	温度差のない環境で密閉保存	冷蔵の状態もしくは常温に10分程度出して体温に近い状態にしてから食べると香りがより引き立つ	冷蔵庫もしくは20度程度の場所で1週間
P108	パフェ ショコラメゾン	保存不可	上から少しずつ食べたり、崩してグラスの中で混ぜながら食べたりいろいろな食べ方でその都度味わいの変化が楽しめる	

[・記載の保存期間は、適切に調理し、保存した場合の目安です。環境や季節によって変わるため、実際の様子を見ながら保存してください
・できるだけ空気に触れない状態で適切に保存してください]

江口和明　パティシエ／ショコラティエ

製菓専門学校を卒業後「渋谷フランセ」を経て、東京・神戸の高級チョコレート専門店にて研鑽を積む。その後、株式会社グローバルダイニングに入社し、サーヴィスと経営を学ぶ。2013年デリーモブランドを立ち上げ、シェフパティシエ／ショコラティエに就任。2020年2月より、Youtubeで動画の配信を開始。お菓子作りのコツをおさえた論理的でわかりやすい解説が人気を集め、チャンネル登録者数は28.7万人を超える（2024年11月現在）。著書は『はじめてでもお店みたいにおいしく作れる パウンドケーキとマフィンのきほん』など多数。

Youtube　　@KAZUCHOCOLATE
Instagram　@eguchikazuaki
X　　　　　@EguchiKazuaki

調理アシスタント　大森美穂　浦部美幸

撮影　　平松唯加子
デザイン　平田頼恵（cinta.）
スタイリング　遠藤文香
編集　　Natsumi.S（マイナビ出版）
　　　　今居泰子（MOSHbooks）
校正　　菅野ひろみ

ショコラティエ江口和明の
チョコレートのお菓子

2024年11月30日　初版第1刷発行

著者　　江口和明
発行者　角竹輝紀
発行　　株式会社マイナビ出版
　　　　〒101-0003
　　　　東京都千代田区一ツ橋2-6-3 一ツ橋ビル2F
　　　　電話　0480-38-6872（注文専用ダイヤル）
　　　　　　　03-3556-2731（販売部）
　　　　　　　03-3556-2735（編集部）
　　　　MAIL　pc-books@mynavi.jp
　　　　URL　https://book.mynavi.jp

印刷・製本　シナノ印刷株式会社

◎個別のご質問についてはお答えできません。
◎本書の一部または全部について個人で使用するほかは、著作権法上、著作権者および株式会社マイナビ出版の承諾を得ずに無断で複写、複製することは禁じられています。
◎本書についてのご質問等ありましたら、上記メールアドレスにお問い合わせください。インターネット環境がない方は、往復ハガキまたは返信切手、返信用封筒を同封の上、株式会社マイナビ出版 編集第3部書籍編集2課までお送りください。
◎乱丁・落丁についてのお問い合わせは、TEL：0480-38-6872（注文専用ダイヤル）、電子メール：sas@mynavi.jpまでお願いいたします。
◎本書の内容は2024年11月の情報に基づいております。
◎本書中の会社名、商品名は、該当する会社の商標または登録商標です。
◎定価はカバーに記載しています。
◎本書の内容の正確性には充分注意を払っておりますが、万が一誤りがあった場合でも、本書に掲載されている情報によって生じた損害に対し、一切の責任を負いかねます。

ISBN 978-4-8399-8495-3
©2024 Eguchi Kazuaki
©2024 Mynavi Publishing Corporation